少年与恶的距离

ケーキの切れない
非行少年たち

〔日〕宫口幸治 著

郎旭冉 译

群言出版社
QUNYAN PRESS
·北京·

前　言

现在，我在大学里主要担任临床心理系的授课工作，不过我原本是一名精神科医生。三年前我来这所大学任教，在那之前我从事法务专家的工作，在做法务专家之前，我还曾是大阪一家公立精神医院的儿童精神科医生。

我在医院的门诊和住院部接诊过很多存在发育障碍的孩子、遭受虐待的孩子、厌学的孩子和一些受青春期症状困扰的孩子。这家医院规模很大，在整个关西地区首屈一指，所以我遇到过各种类型的病患。不过来这里看病的患者实在太多了，几乎妨碍了它作为医院发挥作用。例如如果有一名患者想来发育障碍专科门诊看病，那么他从提出申请开始，可能甚至要等上4年才能接受初诊。我的工作非常充实，除了为儿童患者看病，还有很多机会为涉及杀人等重大犯罪的成人或儿童做精神鉴定。

那时，我还定期到某家机构出诊或提供儿童发育方面的咨询，然后在那里遇到了一名存在发育障碍的男孩。这个孩子在性方面存在问题行为，无论面对多大年纪的女性，他总会不由自主地触摸对方的身体。于是他经常到很多女孩或成年女性聚集的地方，寻找合适的目标触摸对方。从结果来看，与这个孩子的相遇彻底改变了我的人生规划。

我在这家机构为他做了长期治疗。当时，北美地区根据认知行为疗法制定了一套纠正和预防性犯罪的训练方案，据说效果很好，于是我决定把它翻译成日语，用这套方案给这个孩子做治疗。与此同时，我也要求他到医院门诊接受药物治疗，以便缓解他的各种压力。

认知行为疗法是一种治疗方法，旨在通过纠正患者的错误认知，从而强化适当的行为、想法和情感，减少不合理的行为、想法和情感，以及提高人际交往能力等，在心理治疗领域取得了令人瞩目的效果。

例如，A 向 B 问好，但 B 没有做出任何回应。此时，如果 A 认为"B 故意对我视而不见，他一定是讨厌我"，就会感到愤怒，可能决定自己以后也要同样无视 B 的存在，或者故意为难 B。针对这种情况，认知行为疗法会引导 A 采用另一种思维方式来看待这件事，比如"是不是我刚才说话的声音太小了，B 没听到？""会不会是 B 正在想着什么心事，所以没注意到我跟他问好？"这样一来，A 可能就会想"算了，我再叫他一次，这次我大声一点"，然后再次向 B 问好。然后如果 B 这次做出回应，A 就会发现事实并非自己认为的"B 故意对我视而不见，他一定是讨厌我"。这样更有利于 A 在以后形成适当的行为、想法和感受，同时也能帮助他提升处理人际关系的技巧，如怎样向别人问好更合适等。

像这样，认知行为疗法可以通过改变思维方式引导患者做出更适当的行为，也成为针对性犯罪者的治疗方法的核心。有时，一些错误的思维方式会导致性犯罪者做出侵害别人的行为，他对性的认知可能是扭曲的（比如认为"女性其实愿意被别人侵犯"等），或者在人际关系方面采用攻击性或被害妄想式的思维方式，认为"全社会都是我的敌人""所有人都躲着我""我没有任何价值"等。在这种情况下，认知行为疗法可以帮助患者纠正这些错误想法，促使他们做出适宜的举止。我针对前面提到的孩子使用的训练方案正是根据这种方法制定的。

　　每次训练结束时，这个孩子都会说"我知道了"，而且在门诊也反复保证："我再也不那样做了"。所以我几次都认为他应该不会再犯了，然而情况却依然如故。他在下一次复诊来见我之前，总是又做出一些性方面的问题行为，反反复复，屡教不改。我十分苦恼，为什么一点不见成效呢？后来我才明白问题的症结所在，原来这个孩子在智力方面同时也存在障碍，认知功能低下，所以他根本没有理解训练方案本身的内容。

　　采用认知行为疗法需要满足一个前提，那就是患者的认知功能没有问题。对于认知功能有问题的患者来说，这种方法的效果还没有经过验证。那么，哪些孩子的认知功能会有问题呢？是发育障碍或智力障碍儿童。也就是说，对存在发育障碍或智力障碍的孩子们来说，基于认知行为疗法的治疗方案很可能得不到预期的效果。这些孩子们在实际生活中将会遇到重重阻碍。

　　那么应该怎么办？在医院是找不到答案的。很多人认为，医院是他们在世上最后的希望，但其实面对发育障碍或智力障碍导致反复出现各种问题行为的孩子们来说，医院说到底只能通过药物缓解症状，却无法根治。

发现医院对这个问题能采取的措施极为有限之后，我一直非常苦闷。因为除了医生的工作，我还会为犯下杀人或杀人未遂等罪行的存在发育障碍的孩子做精神鉴定，所以我十分清楚他们走上犯罪道路的原因和问题所在，但对具体应该如何帮助他们，却没有一丝头绪。除了药物治疗之外，一对一心理咨询、认知行为疗法和作业疗法等应该都解决不了这个问题，但除了这些办法，我又不知道还能怎么办。在日本国内，我没有找到哪里有专门提供这方面治疗的医疗机构和医生。后来又经过多方调查，我得知日本三重县有一家机构（医疗少年管教所）专门收容存在发育障碍或智力障碍的犯罪少年。

对存在发育障碍或智力障碍的孩子的家长或监护人来说，少年管教所应该是他们最不希望孩子去的地方。这些障碍儿童原本是最应该受到悉心呵护的，可他们却成了罪犯，伤害了别人，被送进管教机构。这种情况才是名副其实的"教育的溃败"。去这个"也可以说是最坏的结局"的地方看一看，或许能找到帮助他们的线索。我怀着抓住一根救命稻草的心情，辞去了之前工作的精神医院的工作，决定到医疗少年管教所赴任。

曾在公立精神医院担任儿童精神科医生的我，认为自己应该还是比较了解儿童和青少年的，然而到了少年管教所，我才发现自己其实一无所知。

这里的孩子与我在医院见到的孩子们一样，都存在发育障碍，但他们面临的境遇却截然不同。相比之下，有机会到医院看病的儿童和青少年要幸运得多。虽然他们当中也有人曾经遭受过虐待，但一般来说，都是有家长或监护人带他们来医院他们才会来的。而现实生活中，还有一些孩子出现问题也不会被送到医院来看病，没有人注意到他们存在障碍，直到他们在学校遭到霸凌，触犯法律伤害了别人，被警察逮捕，又被送进少年管教所，才会有人意识到他们原来存在障碍。包括现有的特殊支援教育①在内，学校教育在这方面都没有充分发挥作用。

---

① 特殊支援教育指在日本学校教育体系中，专门为了帮助残障幼儿、儿童及学生自立及主动参与社会而提供指导和支援的部分，后文的"特殊支援学校"即专门提供此类教育的学校。——译者注。后文如未加注明，均为译者注。

　　继医疗少年管教所之后，我还在女子少年管教所工作了约一年时间，因为我也很想了解犯罪女孩们在女子少年管教所里的实际情况。女子少年管教所与医疗少年管教所有一些共性，也有一些地方不太一样。不过本书的主旨并非讨论失足少年在性别上的不同，而且我在本书中提出的问题性质和解决方法在男孩和女孩之间并没有本质上的差异。所以我决定本书不对男孩和女孩加以区分。此外，本书介绍的案例中也包含我在女子少年管教所遇到的情况，因为在管教机构里，女孩也被统称为少年，所以我也统一使用"少年"这个词。这些孩子有什么特点？怎样才能促使他们重生？以及如何避免出现同样的失足少年？我将根据自己在少年管教所工作期间获得的知识，在这本书中提出自己的看法。

　　本书主要是以我在医疗少年管教所工作的经验为材料写成的。目前日本共有约50所少年管教所，但并非都收容存在发育障碍或智力障碍的失足少年。不过综合在女子少年管教所的工作经验和我了解到的其他少年管教所的孩子们的情况，我发现医疗少年管教所的孩子们并非特例。很多少年管教所收容的犯罪少年都具有本书介绍的特征。

目　录

第 1 章

"连反省都不懂"的孩子

"无法无天的孩子"的真实面目

正如前言介绍的，我自 2009 年起成为法务省矫正局 [1] 的职员，在医疗少年管教所工作 6 年之后，又在女子少年管教所工作了 1 年多，期间一直担任法务专家的工作。现在，我仍是医疗少年管教所的外聘人员，所以在这里工作已经超过 10 年。医疗少年管教所收容的都是存在发育障碍和智力障碍的犯罪少年，相当于具有少年管教所性质的特殊支援学校。日本全国共有 3 所医疗少年管教所，从盗窃勒索、暴力伤害、强制猥亵、纵火乃至杀人，医疗少年管教所收容着几乎所有犯罪类型的孩子。

---

[1] 日本法务省矫正局指为确保收容违法犯罪人员的矫正机构能够正常运行，为其制定规划和提议，并进行监督指导的机构。

我任职的医疗少年管教所收容的孩子们都存在发育障碍或智力障碍，他们也几乎涉及所有种类的违法犯罪，都住在装有铁栅栏的房间里。起初，我觉得他们很可怕，但仔细端详会发现孩子们的表情并没有那么阴森可怖，或者不如说，很多人情绪都很稳定，看到我经过还会大声地向我问好。

刚来到这里，我就受命接诊了一个孩子，据说他是整个少年管教所里最让人操心的。少年管教所里所说的"操心"与学校里的"操心"完全不是一个量级的概念。这个孩子因为在社会上引发暴力伤害事件被送到这里。进了少年管教所之后，他仍旧劣习不改，不服从教官指令，很多次被关进禁闭室里。他会因为一点小事就怒不可遏，举起桌子和椅子乱扔，曾经把强化玻璃都砸出了裂痕。每当他在房间里发飙，紧急警报就会铃声大作，之后近 50 名工作人员全员出动，一起跑过来把他按住，控制起来。然后他会被关进只有厕所的禁闭室，直到老实下来才被放出来。这个流程每个星期都要重复上演两次左右。

我因为听说过这些情况，所以在出诊时内心充满了忐忑。这到底是一个多么无法无天的孩子呢？可实际上走进诊室的孩子又瘦又小，看上去十分老实，话也不多。面对我的提问，他大多只会回答"是的"或者"不是"，有时还会反问我"你说什么"。我看和他的对话没什么进展，于是就拿出 Rey 复杂图形让他临摹，过去在医院给患者看病时，我经常会做这项常规测验。我要求他仔细观察类似下页图 1–1 的复杂图形，在纸上把它临摹出来。这是神经心理学的测验项目之一，可以用来给认知症患者做检查，有时也可以用来确认儿童的视觉认知能力和临摹过程中的规划能力等。

他顺从地临摹起来，让我颇感意外，而最后这件事给我带来的震撼也让我永生难忘。这个孩子默不作声地临摹了许久，画出了与图 1–2 类似的图形。

他眼里的整个世界都是扭曲的吗

直到今天，我仍旧无法忘记当时看到这个图形时受到的冲击，我头脑中之前关于发育障碍和智力障碍的印象全都在顷刻间土崩瓦解了。

我曾经把这幅画拿给别人看，问他有什么感想，对方只是

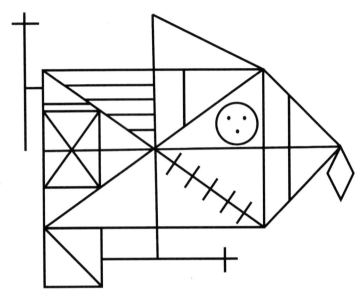

图 1-1

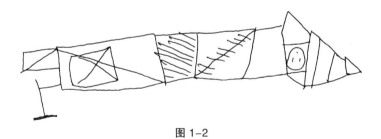

图 1-2

轻描淡写地说："看来这个孩子不太擅长临摹啊。"可能确实是这样，不过问题并非如此简单。画了这幅画的孩子曾经犯过恶性犯罪，导致多人受伤，经过他的临摹，Rey 图形已经彻底扭曲变形，这说明在他的眼中，整个世界有可能都是扭曲的。

视觉能力差到这种地步的话，恐怕听觉能力也很差，有可能他几乎完全没有听到我们这些成年人的话，或者即使听到了也同样是扭曲变形的。

凭借直觉，我感到"说不定这才是他犯罪的真正原因"。同时，我也很容易就能想象得出，迄今为止，他在社会上面临的是多么困难重重的生活。也就是说，不想办法解决现在这个问题，就无法防止他再次犯罪。

我立刻把画拿给少年管教所的领导和各位教官，大家都很震惊。一位教官甚至感叹："这样来看，我们再怎么苦口婆心地教育他也是白搭，以后还是别费力气说那么多了。"我很高兴大家马上就理解了我想说的问题，但这些资深教官们为什么之前从来没有注意到这个事实，这让我非常意外。难道他们一直都是在毫无知觉的情况下，认定这个孩子"不认真""不想好好学",因而对他从严管教的吗?这样的话,情况只会越来越糟糕。从这时起,我开始思考,在犯下严重罪行的失足少年当中,会不会有很大比例的孩子其实都属于这种情况?会不会成年罪犯的情况也是完全一样的?

当然,我们不能说因为这些孩子存在各种障碍,就应该容忍他们的犯罪行为。但他们原本应该因为这些障碍得到额外的帮助,为什么反而会导致这些恶性犯罪呢?这才是问题的关键。

迄今为止,我与很多失足少年进行过面谈。面对这些做出过恶性犯罪行为的孩子,就算追问他们为什么要那么做,也有很多孩子说不出原因,因为这个问题太难回答了。要改过自新,他们必须认真面对自己的罪行,发自内心地反省自己给别人带来的伤害,这些自我洞察必不可少,但他们原本就不具备这种能力。也就是说,这些孩子根本"谈不上反省",这种情况下,被害人又怎么可能释怀呢?

在这些孩子当中,几乎没有人曾在小时候被带到医院找医生诊疗过。因为他们的家长和成长环境实在太差了,这样的家长发现不了孩子在发育方面的问题（不会临摹图画，不爱学习，以及不擅长人际交往等），更不用说带他们去医院。能来医院的孩子都来自家庭收入比较稳定的家庭，家长也都拥有较强的意识，希望"尽早去医院给孩子看病"。

而这些走上犯罪道路的孩子们，只有在他们违法犯罪，被警察逮捕，进入司法流程之后，才有可能得到医疗方面的诊断。在普通的精神医院里，你根本就不会看到这些失足少年。

面谈和检查发现的真相

在医疗少年管教所，对每一名新收容进来的孩子，我都会与之进行一次约 2 小时的面谈。一般来说，与失足少年面谈时，主要会询问他们为什么要违法犯罪，对被害人有什么感想等，但我渐渐发现，问这些问题对他们的改过自新其实没有太大的帮助。翻阅被收容进少年管教所的孩子们自幼以来的调查记录，我发现他们在进入少年管教所之前，就已经屡教不改，反反复复多次违法了。刚到少年管教所任职之初，我猜想恐怕这里的孩子脾气都很暴躁，一言不合就会动手打人，所以总是处于戒备状态。但实际上，这里也有一些孩子很招人怜爱，让人疑惑，这么好的孩子为什么会做出那些事。

不过最令我震惊的，还是很多孩子都有以下几个共同点：

- 不会计算简单的加减法
- 不会读汉字
- 不会临摹简单的图形
- 连很短的句子也不会复述

他们的视觉能力、听觉能力以及想象抽象事物的能力都很弱，因此不仅学习跟不上，还经常误解别人说的话，不会判断周围的情况，不擅长人际交往，或者遭受霸凌。我发现，这些也是他们违法犯罪的原因。

除此以外，还有一些孩子明明已经上了高中，却连乘法口诀都背不下来，有的孩子身体十分笨拙，不会控制自己的力量，还有的孩子面对日本地图，连自己住的地方大致在什么位置都找不到。大部分孩子知道北海道在哪，但如果你指着九州问他们这是什么地方，有的孩子甚至会回答："这是外国。"还有更过分的，有一个孩子竟然看着日本地图说，"这是什么图形？我之前从来没看到过。"这就是他们的真实水平，所以如果问他们"日本现在的首相是谁"，很少有人能说出安倍首相（当时）的名字，还有的孩子想了许久才回答："老师，我知道了，是奥巴马。"我问他们"最不喜欢做什么事"，几乎所有人都会回答最不喜欢"学习"和"跟别人说话"。

学校里无人关注的孩子

那么，这些孩子在学校里过得怎么样呢？翻看他们的成长记录，可以发现大多数孩子大概从小学二年级起学习就跟不上了，他们被朋友们取笑，遭到霸凌，被老师评价为不认真学习，或者在家里受到虐待。之后，他们便会陆续出现逃学旷课的情况，或者引发暴力斗殴或盗窃等各种问题。但小学一般只会把他们视为"难管的孩子"，即使存在轻度智力障碍或者智力处于边缘状态（即不属于明显的智力障碍，但在有些情况下需要他人帮助），也几乎不会受到关注。上了初中以后，这些孩子就变得彻底不可救药了。直到有一天，他们加害别人，触犯了法律，逮捕后被送进少年鉴定所 ①，才会有人知道"原来他们是有智力障碍的"。

在医疗少年管教所，我会要求孩子们把自己迄今为止的人生画成一张图表，从中能看出"人生的起起落落"。纵轴的上方表示开心的事，下方代表不开心的事，横轴表示时间。有一个孩子在小学二年级到四年级期间经常上学迟到，甚至还偷拿别人东西，但在五年级时，有一位老师对他特别好，于是他又开始觉得"学习很有意思""上学挺开心的"。原本偷别人东西的孩子竟然觉得上学有意思了，对他小学五年级的班主任老师来说，教育这个孩子一定是一件很有意义的事。然而升入初中之后，他的人生开始急转直下。"上学迟到""逃学""做坏事儿被逮捕"，他最终被送进了少年管教所。

那么为什么这个孩子上初中之后情况会急剧恶化呢？我亲自去问了他，他说："上了初中之后，我在学校根本什么都不会，也没有人教我。因为学习跟不上，我觉得上学太没意

①　少年鉴定所指日本的一种少年收容机构，主要负责收容由家庭裁判所决定送管的少年，并根据医学、心理学、社会学和教育学等专业知识对其素质、智力及生活环境进行调查，详细介绍参见第 6 章。

思了，就开始逃学。做坏事也是从那之后开始的。"

也就是说，在这个孩子上初中时，如果老师发现他的障碍，能耐心地引导他学习，他也许不会走上犯罪道路，也就不会有人成为受害者了。这件事让我认识到，从防止少年犯罪的角度来看，辅导孩子们跟上功课也具有重要意义。

每个孩子都不会突然走上犯罪道路。他们从出生到犯下罪行，这期间的一切都是紧密相连的。当然在很多案例中，也会有人在各种情况下向他们伸出援手。但如果这些帮助未能奏效，那么这些无论如何都管教不过来的孩子最终归宿就只有少年管教所了。从某种意义上看，孩子被送进少年管教所也意味着"教育的失败"。

赞美式教育解决不了问题

在学校得不到关注的孩子之后会走上怎样的道路呢？

在上学期间，老师可能多少还是会关照孩子们一些。但从学校毕业走上社会之后，就彻底不会有人来管他们了。社会上的工作对他们的要求更高，做不好就会受到责备，他们可能赌气辞掉工作，辗转于各种工作之间，或者处理不好人际关系，躲在家里与社会完全隔绝起来。他们认为自己是"正常"的，因而不会主动去寻求帮助，接下来便会彻底被社会遗忘。在最坏的情况之下，他们也可能因为犯罪被送进监狱。事实上，监狱里的很多人，都是从小在学校没有得到关注，之后继续被社会遗忘的人。

为了避免孩子陷入这种境地，必须尽早发现他们的异常情况，尽早提供帮助。一般来说，这些孩子在小学低年级就开始出现某些征兆，大人一定要向他们伸出援手，不要忽视这些信号。

但这里还有一个新的问题：就算发现了孩子们的各种征兆，又该怎么做呢？现在的应对方法在大多数情况下都是"发现孩子的优点表扬鼓励""让孩子更加自信"。孩子们各有所长，让他们继续做自己不擅长的事会导致他们失去自信，所以应该寻找和激发每个孩子的长处，发现他们的优点给予表扬，现在大多数人往往是朝着这个方向努力的。

然而"不让孩子们继续做自己不擅长的事"其实非常可怕。家长或者监护人真的经过仔细研究，确定孩子"在这方面不太可能有进步"吗？如果没有确认，只是因为"他做着很吃力"这个理由，就不再让他面对弱项，那么很有可能就此扼杀了孩子的潜力。从某种意义上看，甚至有可能是教育者人为制造出了障碍。

例如，有一个孩子每个星期都会有一天忘带一些东西。老师可能会觉得"这个孩子总是丢三落四"，但也有可能反过来说"他每个星期都有 4 天不会忘带东西"，这两种不同的看法会让老师采取完全不同的方式来对待孩子。按照目前的"赞美式教育"的做法，老师应该关注他大多数时候没有忘带东西，表扬并且强化这一点，而不是提醒他别再丢三落四。有些时候，表扬确实能让孩子进步。但如果表扬之后孩子仍旧每个星期都有一天忘带东西，没有任何改进的话，老师或家长就必须帮助他培养专注力，从根本上解决问题，而不能再依靠表扬的方法。在这种情况下，"赞美式教育"只能让问题一直延续到以后。

每天 5 分钟就能改变世界

可能在很多人眼里，被送进少年管教所的孩子都无法无天、顽劣至极，他们走上社会也不会为社会带来任何贡献。确实，曾经被少年管教所收容过的孩子再次被送进来的概率不低，他们长大之后，也有很大比例的人进了监狱，还有一些人会成为惯犯，"二进宫"甚至"三进宫"。那么这些孩子难道就无药可救了吗？他们真的是不愿意学习吗？

事实并非如此。为了提升他们的视觉能力和听觉能力，我多年来一直在少年管教所组织孩子们通过小组训练来锻炼大脑。每次训练需要 2 小时，完全出乎我预料的是，在这 2 小时里，几乎所有孩子都能坚持不懈地专注于训练。他们当中也有一些坐不住过去曾被诊断为注意缺陷与多动障碍（ADHD）的孩子。有时我为了照顾他们，会用闲聊调节一下气氛，但他们反而会催我："老师，一会儿时间不够了，赶快训练吧。"外部来参观的老师们也经常惊叹："他们居然能连续坐上 2 小时，太让人难以置信了。"

还有其他一些失足少年听说了我在少年管教所组织的训

练，也特意来找我："我绝对有信心自己是个傻子，您让我也来参加吧。"失足少年其实都特别渴望学习，渴望得到认可。只要方法得当，失足少年也完全有可能改变，更不用说学校里的普通孩子们了。他们不用每次都花上 2 小时，只要每天清早用 5 分钟来做做各种训练，可能就足以改变孩子们了。本书第 7 章会介绍这部分内容。

怎样才能预防犯罪？对走上犯罪道路的孩子们来说，怎样的教育才是有效的？以及对那些具有同样风险的孩子们，应该提供怎样的教育？我想与大家一起分享这些问题，让我们把对失足少年的愤怒转变为同情，从而减少少年犯罪带来的受害者，让罪犯变成纳税人，为社会贡献力量。这就是本书的目的。

第 2 章

犯下杀人罪的少年说："我很温柔"

不会切蛋糕的孩子

　　来到少年管教所之前，我是公立精神医院的一名儿童精神科医生。经过反复考虑，我最终决定离开一线医疗机构，去医疗少年管教所任职，没想到在这里遇到了令我震惊不已的几件事。其中一件事是这些参与过恶性犯罪的失足少年"不会切蛋糕"。

　　这是我与一位言谈举止都很粗暴的孩子面谈时发现的。我把一张 A4 纸放在我俩之间的桌子上，画了一个圆，然后给他出了一道题："这是一个圆形的蛋糕。如果有 3 个人吃蛋糕，你应该怎么切呢？要确保每个人都能分到同样大小的蛋糕。"

　　这个脾气暴躁的孩子先画了一条竖线，把蛋糕分成两半，接下来便不知所措了。我想他可能发现自己画错了，于是在纸上重新画了一个圆递给他。结果他又是竖着切成两半，然后再次陷入了冥思苦想。

我大吃一惊。怎么会连这么简单的题都不会做呢？只要像奔驰汽车的标志一样画三条线，不就可以把蛋糕三等分了吗？之后我又让他试了几次，他不是像图 2-1 一样横着切，就是把蛋糕四等分之后才发现还是不对，只能无可奈何地叹气。还有另一个孩子是像图 2-2 一样切的。我问"那如果有 5个人吃蛋糕该怎么办呢？"，他马上像图 2-3 一样，在蛋糕上画了 4 条竖线，满脸得意地拿给我看。

他确实把蛋糕分成了 5 份，但这不是五等分。我强调"必须要让每个人都分到同样大的蛋糕"，他再一次苦苦思索了很长时间，最后放弃了努力，画出了像图 2-4 一样的切法。

有时，一些小学低年级的孩子或者存在智力障碍的孩子也会像这几个图示一样分蛋糕，所以这些图本身没什么问题。问题是现在用这种方法分蛋糕的孩子已经到了初中生或高中生的年龄，他们都曾犯下抢劫、强奸或杀人等恶性罪行。不

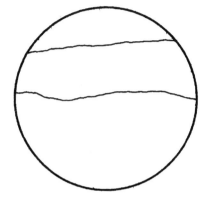

图 2-1

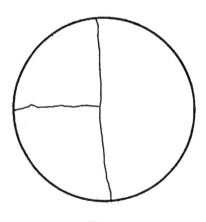

图 2-2

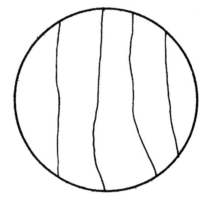

图 2-3

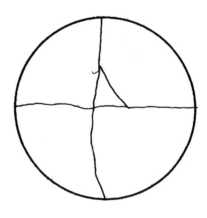

图 2-4

难想象，对这些孩子来说，传统的矫正教育要求他们反省自己的罪行，想象受害者的感受，几乎都是对牛弹琴。他们根本谈不上反省。通过这件事，我也明白了这些只会这样切蛋糕的孩子们在过去经历了多少挫折，在这个社会上活得多么艰难。

此外，我还发现了一个更为严重的问题，那就是对这样的孩子，学校没有关注他们的困境，没有提供任何额外关照，乃至他们由于不适应社会走上犯罪道路，最后被收容到少年管教所之后，仍然不被理解，仍被要求"反省自己犯下的过错"。

不会算算术，也不认识汉字

这样的孩子在少年管教所里还有很多。我与孩子们面谈时，总是考他们一些很简单的计算题。比如我会问他："100减去 7 是多少？"能正确回答出来的孩子大概只有一半。

很多孩子会回答 3、993，或者 107。如果有人能说出正确答案 93，我还会接着问他："那再减去 7 呢？"这一次就几乎没有人能答对了。我考他们："1/2 加 1/3 等于多少？"果然如我所料，几乎所有孩子都会回答"等于 2/5"。

考虑到他们基本上都不认识汉字，少年管教所里的所有教材都会用假名标出读音。报纸上没有标注读音，所以很多孩子看不了报纸。虽然自由时间允许轮流翻阅报纸，但孩子们大都只看杂志广告栏里女模特的照片。

少年管教所会教他们做一些汉字书写练习和计算练习，基本上都是从小学低年级的难度水平开始。从一开始就会做小学六年级计算题的孩子就算是非常优秀的了。

不会制订计划，也不懂设想后果

进行常规性面谈时，我会问孩子们为什么会犯罪。几乎所有人都不约而同地回答："我当时没有考虑后果。"然后说到今后会怎么做，他们都会说："以后我要先考虑后果，然后再行动。"

这里说的"考虑后果"其实是指规划能力，专业术语把这种能力叫作"执行功能"。执行功能弱的人做事毫无章法，总是处于想到什么就做什么的状态。他们的罪行有很多都接近临时起意，如"我想买游戏机，可是没有钱，所以就捅伤别人抢了钱""我喜欢女孩子，可是我害怕同年级的女生，所以就去触摸小女孩的身体"等。

比如我曾经问过他们下面这个问题：

"假设一个星期之后必须要准备 10 万日元，但你现在钱不够，什么方法都可以的话，你会怎么做？"

问题里说"什么方法都可以"，所以他们的回答会包括（向亲戚）借钱，借高利贷，偷钱，骗钱，抢银行等。对他们来说，借钱的选项与偷钱的选项是可以并列放在一起的。作为正常人，我们一般会觉得"偷钱"等选项会导致严重的后果，再说也未必能成功，这是因为我们具有规划能力，能预判将来的情况。

而如果一个人缺乏这种考虑将来制订规划的能力，也就是执行功能太差的话，他就会简单粗暴地选择偷钱、骗钱等方法。

有时我们看到一些恶性事件，会觉得十分费解："怎么会有人去做这种蠢事？"其实这也与缺乏"考虑后果的能力"有关。失足少年当中，也有很多孩子因为缺乏按照预先设想制定规划的能力，才会轻易走上犯罪道路。

根本就无法反省，甚至不会感到纠结

我在"后记"中还会提到已故的冈本茂树先生写的《逼孩子反省，他们就会犯罪》这本书，读这本书时，我的第一个想法就是"能反省的孩子还算是好的"。

在我遇到的失足少年当中，有很多人根本连反省都不会。有一个孩子因为强制猥亵幼女被送到了少年管教所，别人问他"你为什么要做这种事"，他只是一个劲儿地"嗯……"，拼命想了很久之后，他最后说出的话是"因为我很想摸她"。别人再问他"那你现在想对被害人说些什么呢"，他马上回答

"我觉得对不起她"，然而这并不是他反省得出来的感想。

对于犯下各种罪行的孩子们，我并不指望他们马上就能真心反省。即使他们最开始说的都是敷衍了事的谎话也没关系，我愿意花时间慢慢改变他们。只要他们知道后悔，能说一句"我做了错事"就好，他们就可以从这里开始，一点一点改过自新。

然而从现实中的失足少年们身上，根本看不出任何这样的念头。如果有人问进了少年管教所感觉怎么样，他们只会笑嘻嘻地回答"还好""挺好的"，对自己所处的环境和定位完全没有概念。

这些孩子在少年管教所里也经常惹是生非。最常见的纠纷就是一个孩子指责同房间的另一个孩子看自己了，盯着自己坏笑，或者别人自言自语太烦人等。

他们经常来找我："我好烦，给我开点药。"在这种情况下，我不会给他们开精神类药物，不过我最初的感觉就是这里的孩子都很压抑，总是处于烦躁状态。

但经过后续的观察，我发现他们对所有事情都会说"烦"。如果说因为没见到负责自己的教官觉得烦，或者因为父母不来看望自己感到烦，这些都还可以理解，但他们肚子饿了也会烦，天气热也会烦，意识到自己伤害了别人会烦，遇到伤心难过的事也会烦。其实除了"烦"这个词，他们不知道还能怎样表达自己的感受。

说自己"很温柔"的少年杀人犯

在面谈时，我总会问他们如何看待犯了罪的自己，因为只有正确认识自己，才能迈出改过自新的第一步。

不只是改过自新需要认识自己。有一些孩子在学校出现适应障碍，如果一直认为"自己没有任何问题"，他们就不会想到改变自己，也不会产生改变自己的动力。所以我问他们的第一个问题就是"你觉得自己是一个什么样的人"。

我预想失足少年们会说类似"我做了无法挽回的错事""我太差劲了"之类的话。在这些孩子当中，也有一些人拒不接受家庭法院的裁决，认为“是对方不好，我是被人诬陷的”，如果他们这样说，我觉得也属于能理解的范围。

但最让我吃惊的是，大约有 80% 的孩子都说“我是一个好人”，就连那些犯下严重罪行（连续强奸、暴力伤害导致对方留下终身残疾、纵火、杀人等）的孩子也会这样说。起初我总怀疑是自己听错了，但后来我发现他们打心底里确实是这样想的。

有一个杀了人的少年也说“我是一个好人”，我问他："你的哪些地方好呢？"他回答“我对小宝宝和老年人都很温柔”或者“我的朋友说我是好人”。原来如此。我继续追问："因为你做的这件事，导致别人失去了生命，这可是杀人啊！你还认为自己是好人吗？"他这才说："啊，那我不是好人。"

反过来说，只有被人逼问到这个地步，他才会明白。这到底是怎么回事呢？像他这种情况，根本没有可能向被害人家属道歉。这个孩子被逮捕之后，过了一个多月才被送进少年管教所，在这期间他明明有足够的时间充分认识到自己的罪行。

无法消除想杀人的念头

几年前，日本发生了一个举世震惊的少年杀人事件，这个罪犯声称自己只是"想杀个人看看"。

像他这样的孩子属于极端个别的情况吗？如果未成年人因为这种理由杀了人，那一定是轰动社会的大案。不过如果有个孩子因为"想杀个人看看"就去杀人，但万幸被害人没有死，那么这就是杀人未遂案件，并不会在社会上掀起轩然大波，尽管二者都是"想杀个人看看"，而且同样都付诸了行动。我觉得应该有很多失足少年内心里都有"想杀个人看看"的念头，不少人实际上也这样做了，并因为杀人未遂被送入了少年管教所。

那么他们在少年管教所接受教育之后，这种"想杀个人看看"的念头会消失吗？

有一个孩子觉得想杀人，就拿刀捅了一个成年人。所幸对方活了下来，他被送进了少年管教所。这个孩子在少年管教所待了几年，在释放之前的例行面谈中，他告诉我："我对法务教官说'我已经不想杀人了'，要不然他会教训我，但其实这个念头并没有消失。"

他笑嘻嘻地回答"我还想再试一次"时的神情，我至今仍旧记得清清楚楚。后来少年管教所的领导们得知了这件事，法务教官们改变了态度，可能这个孩子也察觉到了，总之他之后再也没这么说过。

我感觉尤其是患有孤独症谱系障碍（ASD）的孩子会有一些特殊的执念。如果得到适当的引导，这种执念有可能在好的方面帮助他们取得非凡成就，但如果执念朝着类似"想杀个人看看"的方向发展，这种想法往往很难消除。之后我再怎么问那个孩子，他都只说"我已经没有想杀人的念头了"，但我很难相信这个念头真的消失了。

2014 年在日本长崎佐世保发生了一起女高中生杀害同学的案件，我觉得涉案的女生应该也很难消除"想杀人"的念头。

那么，应该如何对待这样的孩子呢？第 7 章介绍的训练中包含一些可以扼制这种念头的方法。

老挑幼儿下手的少年性犯罪者

我所在的少年管教所里，犯有强制猥亵、强奸未遂及强奸等性犯罪的孩子占了很大比例。

尤其是以幼儿为对象的强制猥亵案件特别多。我们听到性犯罪案件时，往往会有一种印象，觉得罪犯一定都是性欲方面有些异常的家伙。我来到矫正机构之前也是这样想的。

这里的孩子当中，确实也有一些人极度迷恋女性。有时，一些外部人员会来矫正机构参观，在正常情况下参观者不会看到孩子们，但偶尔也会出现参观者走动时遇到孩子的情况。我们要求孩子们在这种情况下必须背过身去，不能正面面向参观者，但还是有些孩子会偷看。来这里参观的大多是保护司的工作人员等，一般年纪都比较大，但有时也会有一些女大学生来参观。每逢这种时候，孩子们的眼神都会变得跟平常不一样。犯有强制猥亵罪的少年当中，甚至有人会来找我们诉苦，说“老师，我已经等不到晚上了”。他的意思是说女大学生的样子已经深深地印在了他的眼睛里，他想要自慰。

不过一般来说，强制猥亵幼儿的性犯罪少年并不是性欲格外旺盛，对成年女性也没有太大兴趣。而且有些孩子似乎反而害怕成年女性，还有人说“我只对 8 岁以下的女孩子感兴趣，超过 9 岁我就会感到害怕”。

在儿童发展阶段中，有一个概念叫作“9 岁壁垒”，指孩子在 9 岁前后会发生很大变化。其中之一就体现为想象力迅速发展，表达能力也会显著提高。从这个意义上来看，这个孩子所说的“超过 9 岁我就会感到害怕”也不无道理。他们根本无法与同年龄段的女生正常交往，但是又很想接触女性，因此才会对 8 岁以下的女孩感兴趣。

我在面谈中有一个感受，在很多案件中，与最初就想做出变态行为的人相比，犯罪少年往往属于认知存在偏差，对比自己小 10 多岁的幼女产生好感，以为“这个小女孩肯定能理解我”。

还有很多案件是犯罪者受到成人视频的不良影响导致的。一些存在发育障碍的青年也时常会出现这种情况，他们在成人视频当中看到"有的女性最初十分抗拒，但后来却欣然接受"的场面，便会以"女性其实是喜欢受到强迫的"作为自己犯罪的理由。

第 3 章

未成年犯罪者的共同特征

失足少年普遍具有"5+1"个特点

迄今为止，我在少年管教所与数百名失足少年进行过面谈。我发现，虽然在性质和程度上可能各不相同，但他们都有一些相似点，可以分为不爱学习、不擅长沟通和人际交往、不会变通、做事不计后果、很容易发怒、做事不考虑对方的感受、不会控制自己的力气等类型。

我将这些特征背后的原因分为 6 类，归纳出"失足少年的 5+1 个特点"。除了监护人在养育方面的问题之外，失足少年一般都具有以下一个或几个特征：

- 认知功能低下：凭借所见所闻进而推想的能力薄弱
- 情绪控制力差：拙于控制情绪，容易发怒

- 不会变通：想到什么就做什么，不擅长应付意料之外的情况

- 不适当的自我评价：不了解自己的问题所在，过度自信或缺乏自信

- 缺乏人际交往技巧：人际关系差

- +1 笨手笨脚：不会控制力道，动作不协调

接下来，我将逐项说明这些特点。最后一项"笨手笨脚"采用"+1"的形式单独列出来，是因为如果从小经过运动训练等，孩子们可以形成比较强的身体功能，所以有些案件并不符合这一点。关于解决这些问题的具体方法，我会在第 7 章介绍可以通过哪些形式把我从少年管教所教育中得到的知识应用到学校教育当中。

认知功能低下：凭借所见所闻进而推想的能力薄弱

例如，作为引发伤害案件的契机，经常可以听到"因为对方瞪我"等理由。

在少年管教所里，也经常有孩子来告别人的状，说"那家伙总是对我嬉皮笑脸地坏笑""他瞪我"等，这种情况十分常见。但实际找对方确认会发现，对方并没有嬉皮笑脸地看他或者瞪他，所以对他的指控感到莫名其妙。

这种情况常常是视觉能力低下造成的。有的孩子不会好好观察对方的表情，就误以为对方在瞪自己或者在嘲笑自己，导致被害感越来越严重。

同样，听觉能力低下也会带来类似情况。因为听觉能力差的人很可能把别人的自言自语误解为"他在说我的坏话"等。

认知功能包括记忆力、感知力、专注力、语言理解能力、判断和推理能力等多种要素。人类通过感觉（视觉、听觉、触觉、嗅觉和味觉）从外部环境获取信息之后，必须对获得的信息加以整理，才能在此基础上制订并执行各种计划，带来各种结果。在这个过程中，认知能力不可或缺（图 3-1）。也就是说，无论是主动行为还是被动行为，都要以认知功能为的基础，认知功能也是接受教育和帮助的前提。

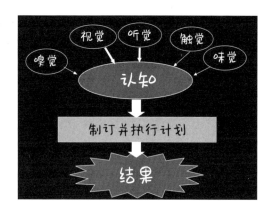

图 3-1

然而如果通过感觉获取的信息是错的，用错误的方式整理信息，或者只接收到部分信息，会怎么样呢？

在学校的教育活动中，嗅觉、触觉和味觉用得比较少，几乎所有信息都是通过视觉和听觉来传递的。如图 3-2 所示，如果视觉和听觉出现了偏差会怎么样呢？或者就算通过视觉和听觉获得了正确信息，但整理信息（认知）的方式是错的，又会怎么样呢？如果老师们发出的信息无法正确地传达到孩子那里，他们的帮助就会落空，无论孩子们多么努力地制订计划并付诸实践，最初的信息存在误差，接下来的努力就都会偏离正轨。

图 3-2

另外，如果想象能力低下，不能对视觉和听觉起到补充作用，也将无法调整和修正最初获取的信息，这就是认知功能低下导致"不当行为"的过程。

"不好好学""不爱学习"背后的原因

如果一个孩子听觉能力差，那么在学校里，比如老师让大家"把数学书翻到第 38 页，做第 5 题"时，他就有可能听不到老师的指示，可能他好不容易把数学书翻到了第 38 页，却漏掉了"做第 5 题"这部分内容。

于是，这个孩子就会不知所措地四处张望，或者呆坐在座位上，在老师看起来可能就是没有认真听讲。还有一些孩子，每当老师批评他，他都会顺从地回答"好的，我知道了"，但用不了多久就又会因为同样的毛病挨批评。如果老师在他答应改正错误时反过来问他："那你现在应该怎么做？"恐怕他不但答不出正确的回答，甚至还会回答一些完全无关的事情。

实际上，他没有听到老师说的话，或者没听懂老师的话，但又不想再被老师批评，所以就装作听懂了。而这样一来，有时候周围的人就会误解，以为这个孩子"瞎胡闹""不爱学习"或者"说谎"。

视觉能力低下的孩子不仅在学习方面会遇到很多困难，比如看书时很容易漏字或者串行，记不住汉字，不会抄写板书（因为老师接连不断地往下写，他看不出来哪些是新增加上去的）等，还很容易因为搞不懂周围的情况和氛围，形成被害感或不公平感，如觉得"大家都躲着我""只有我总是吃亏"等。

我过去曾经听儿童福利机构的老师讲过这样一件事。有一个孩子不太合群，有一次他鼓起勇气走到正在一起做游戏的朋友们中间，但是刚说出一句"咱们一起玩吧"，别的孩子就都"哇"地一声四下逃走了。他看到这一幕，就愈发觉得"大家都讨厌我"，越来越自暴自弃起来。

然而老师后来找到其他小朋友了解情况，才知道当时大家恰巧正在玩"瞎子摸人"游戏。如果是视觉能力正常的孩子，他可以观察四周，发现大家逃跑的方式有些奇怪，然后再看到"瞎子"，就会明白"哦，原来他们是在玩'瞎子摸人'啊"，从而知道大家并不是在躲着自己。可是像这个孩子一样视觉能力比较差的孩子就会陷入误区，认为别人都是因为讨厌自己才逃走的，导致被害感越来越强烈。

我觉得，不只是失足少年如此，很多在学校处于受困状态的孩子也经常会遇到类似情况，这会使他们做出一些不当的言行举止。对于这样的孩子，老师们应该首先确认他们的视觉能力和听觉能力有没有问题。

缺乏想象力自然不会努力

在想象各种抽象事物的能力当中，"时间的概念"非常重

要。一些缺乏时间概念的孩子只生活在昨天、今天和明天这 3
天时间里。在某些情况下，有的孩子甚至连几分钟以后的事
情都处理不好。这样的孩子很难制定具体的目标，如：

- 我现在忍耐一下，会对以后有好处
- 我要为了一个月之后的比赛或考试做准备
- 我要努力学习，将来当 × ×

没有目标的人就不会努力。那么不努力会怎么样呢？会
带来两个难题：一个是不努力就无法获得成功体验或成就感，
所以会一直没有自信，无法摆脱自我评价很低的状态；另一
个难题是自己不努力，就体会不到别人付出的努力。

比如在失足少年中，有很多孩子会随随便便偷走别人的
电动车。买一辆全新的电动车大约需要 20 万日元，要靠打工
赚到这笔钱十分辛苦。有的人可能省吃俭用好几个月，同时
拼命工作才好不容易买到的电动车。

但这些孩子体会不到别人的努力，不知道别人是经过努
力才好不容易买到的电动车，所以想偷走就偷走。正因为他

们想象不到电动车是别人辛苦打工好几个月才得到的"努力的结晶"，所以才会做出这种行为。

如果一个人缺乏想象能力，他也无法规划"现在这样做的话，之后会怎么样"，所以总是得过且过，随波逐流，而不会考虑后果。综上所述，认知功能低下不仅会导致学习成绩落后，还有可能导致各种不当行为或犯罪行为。

做了错事也无法反省

认知功能低下的失足少年很难通过长期的矫正教育取得进步。也就是说，指导他们的教官计划"今天就学到这里，下次再接着往下学"，但这些孩子到下一次上课时已经把之前学的内容全都忘光，又回到了原点，所以教育很难有成效。

要让他们读被害人的日记，必须先从教他们认字开始。而且就算学会了认字，他们也会歪着脑袋说"这个被害人写的是什么，太难了，我看不懂"，或者嘴上说"我明白了"，但实际上理解得根本不对，类似情况非常常见。这些孩子并不是有意恶作剧，他们只是确实理解不了教官想要传达的信息。这种就是"根本谈不上反省"的状态。

在我工作的医疗少年管教所，孩子们都是因为恶性犯罪被送进来的。但从一开始就要求他们深刻反省也不太有效果。我认为矫正教育必须结合他们每个人的发育水平，从提高视觉能力或听觉能力等最根本的认知功能入手。

然而目前的矫正教育不太考虑教育对象的理解能力，大部分情况下，都是只会命令他们拼命学习矫正局指定的教材，这些教材的难度都很高。孩子们如果回答"我看不懂"就会挨骂，所以现在的情况是他们只能不懂装懂。

学校教育也存在同样的问题。孩子们做了错事，老师们也应该在要求反省之前，先确认他们是否有能力理解自己错在哪里，以及今后应该怎样做。对于不具备这些能力的孩子，应该先提高他们的认知能力，而不是要求他们反省。

情绪控制力差：拙于控制情绪，容易发怒

人的情绪主要由大脑新皮质下方的边缘系统控制。通过感觉器官获取的信息进入认知过程时，必须通过"情绪"的

过滤，因此情绪控制力差会对认知带来各种影响。成年人在怒不可遏时很难做出冷静的判断，正是出于这个原因。因此情绪控制力差也会导致各种不当行为。

有些孩子不擅长用语言表达自己的感受，遇到一点事就会说"烦死了"，他们生气时会马上诉诸暴力或污言秽语。这些孩子在遇到不愉快的经历时，心中很不痛快，却不明白自己的内心发生了哪些变化，现在正处于何种情绪之下，这些不痛快的感受日积月累，就成了压力。

压力可以随着时间的流逝逐渐缓解，但如果不愉快的经历接连不断，压力就会越来越大，需要及时发泄。错误的发泄方式有可能会导致暴怒，引发暴力伤害事件或性侵等犯罪行为。

性侵的原因是发泄压力

我感觉尤其是在性犯罪少年当中，很多人平时处于极为压抑的状态。

在我工作的医疗少年管教所，性犯罪少年总是占有很大比例，而且他们几乎毫无例外地都曾在小学或初中遭受过霸凌（约有 95% 属于这种情况）。遭受霸凌的经历会给他们带来难以衡量的压力，几乎所有的案件都是为了发泄压力而对幼女多次实施猥亵行为。也就是说，霸凌的受害者又制造出新的受害者。

有一个性犯罪少年非常不善于表达感情。于是，我让他用日记的形式来记录当天的心情。在日期一栏的旁边设两个栏目，分别写下：

- *好事及当时的感受*
- *坏事及当时的感受*

我希望他通过这种简单的形式把当天发生的事情和自己的感受写下来。

然而从他记日记开始，连续 10 天都只写了"什么都没发生"。我觉得他可能确实是写不出来，所以几乎已经不抱希望，不过还是决定再坚持几天试试。结果从第 11 天起，他在"坏事及当时的感受"这一栏里用很小很小的字密密麻麻地写了很多内容。主要都是类似下面的事：

> "我明明和大家一样参加了扫除，老师却说只有我没干活，气死我了。"
>
> "老师为什么总是批评我，我真生气。"
>
> "电话铃响了，我告诉老师，老师却嫌我吵。我好心好意告诉他，气死我了。"

从那一天起，他每天都在日记里写下类似的牢骚和抱怨。他从来没有把这些情绪用语言说出来过，只是默默地任凭愤怒越攒越多。我认为他在学校遭受霸凌时应该就有了这种倾向，为了发泄不满，他几乎每天都会找到小女孩带到公共厕所等处实施猥亵。

必须了解"愤怒"背后的原因

在各种情绪当中，"愤怒"最不好控制。那么哪些原因会令人愤怒呢？

除了失足少年，普通学校里的孩子们在人际关系方面遇到的纠纷也大多源于"被人嘲笑"和"无法如自己所愿"等情景。

每个人的思维模式不同，这些情景带来的愤怒程度也不同。

例如，小 A 和小 B 在做同样的工作，这时小 C 提醒他们说"你做得不对"。对此，小 B 的想法是"小 C，谢谢你提醒我"，而小 A 则认为"烦死了，你就是瞧不起我"。也就是说，小 C 说的同样都是"你做得不对"，两个人的理解方式却截然不同。是从善意的角度欣然接受，还是作为受害者认为自己受到了冒犯，取决于不同的思维模式。大家也很容易就能想到，哪种理解会导致"愤怒"。

那么，小 A 的这种受害者思维是如何产生的呢？大多数情况下，以往人际关系模式（曾遭受父母虐待或霸凌等）的相关因素与小 A 的"不自信"具有密切关系。

不自信的人的自我十分脆弱，很容易受伤，所以他们不会从善意的角度理解别人的话，而是认为"你又来挑我的错"，变得充满攻击性，或者自卑地认为"反正我这个人就是什么都做不好"。

不自信的人往往不会处理人际关系、学习成绩差、总是因为坐不住挨批评、常因为丢三落四被骂、运动能力差等。
而导致这些情况的原因则包括发育障碍或智力障碍，或处于
智力边缘水平等。

　　另一个导致愤怒的因素是"无法如自己所愿"，其根本原
因在于"对别人要求过高"或"思维定式过多"等，即强烈
希望对方"做某件事"或者认为"我才是对的""必须这样才
行"等扭曲的自恋或思维定式。

　　例如，走路时与对面走过来的人互相撞到了肩膀时，如
果我们说了对不起，对方却没有任何表示，我们可能多少会
觉得有些生气。这是因为大家都有一种思维定式，认为"撞
到别人就应该道歉"。当然，大多数情况下，别人都未必会按
照我们的想法去做，于是我们就会对不符合思维定式的人感
到"愤怒"，并且会基于愤怒做出一些行为。有些人不能妥善
处理这种情况，就有可能突然暴怒。

"愤怒"会妨碍冷静思考

　　愤怒会妨碍冷静思考。人在极度愤怒时无法做出冷静的
判断。

　　例如，小 A 在学校食堂排队等着打饭时，小 B 没注意到有人排队，就站到了小 A 的前面，这一幕都被端着餐盘等待结账的小 C 看在了眼里。小 A 大声斥责小 B 不该插队，小 B 没看到小 A，并非有意插队，却被劈头盖脸地骂了一顿，所以也正要反击。在小 C 看来，他会觉得"小 A 其实不至于发那么大的火，小 B 也是，马上说句对不起就没事儿了"。

　　小 A 因为自己老老实实地排队，却被小 B 插队站到了前面，所以大发雷霆，如果小 B 能冷静一点，像小 C 一样考虑到被挤到后面的人的心情，自然知道自己应该怎么做，然而他作为当事者，因为惊讶和愤怒而无法做出适当的回应。

　　如图 3-3 所示，愤怒的情绪会妨碍冷静思考，常常导致人们面对眼前的情况未加深思便当即做出反应（立刻勃然大怒）。成年人也经常在气头上做出错误决定，孩子们就更是如此了。

情绪是大多数行为的动机

　　情绪控制力极为重要，还有一个原因是人们的大多数行为都是由情绪引起的。

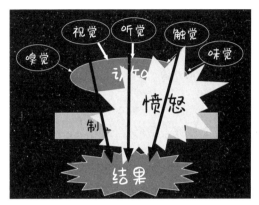

图 3-3　愤怒会妨碍冷静思考

　　例如，此刻正在阅读本书的读者，可能就是因为看到书名，翻了翻目录，觉得"想看"，所以现在才会读这本书。我们正是因为想听某位艺人的演唱会，或者想与久违的好友叙叙旧，才会去听演唱会或者与朋友见面。正因为有了"想做某件事"的情绪，我们才会做出某些行为。除了无条件反射，可以说人们的几乎所有行为都是受情绪支配的。

　　但在"为了发泄压力，想 ×× "这句话中，如果 ×× 是"偷东西""性骚扰"等不当行为，就会带来各种问题。在这种情况下，可以说是不适当的情绪引发了不适当的行为。我们可以通过以下几种途径来解决：

- 改变生活方式，避免过多压力
- 用"运动""购物"等来代替 ××
- 减少想 ×× 的想法

第 1 项和第 2 项都需要花费时间和精力，无法当场见效，不过这两个方法一旦成功都会带来很好的效果。

第 3 项减少想 ×× 的想法的优点是见效快，但难点在于怎样才能减少不适当行为的欲望。一个人"想 ××"的想法与过去的成长经历、生活方式、思维模式、人际关系模式和道德观等密切相关，这些都很难改变。认知行为疗法主要就是要纠正错误的思维模式。

不会变通：想到什么就做什么，不擅长应对意料之外的情况

面对困难，我们一般会多想几个解决方案。可以列出 A 方案、B 方案、C 方案、D 方案、E 方案……然后经过权衡，找出最好的选项，以期实施这个方案能解决问题。如果一个

方案未能成功，我们还会重新考虑其他选项，再一次尝试。在这个过程中，最重要的是必须拥有足够数量的灵活多变的解决方案，以及根据现实情况选择合适选项的"变通"能力，也可以说是头脑的灵活程度。

例如，在面对"需要钱但却没有钱"的困境时，选项可能包括：

A. 打工赚钱

B. 向亲戚朋友借钱

C. 买彩票

D. 抢劫

在考虑到 D 方案会带来怎样的后果之后，一般人不会选择这个选项，而是可能再想一些其他解决方法。

然而如果一个人思维僵化、缺乏变通能力，除了 D 方案之外再也想不到其他解决方法会怎样呢？他每次缺钱都会去抢劫，思维僵化导致他反复做出不适当行为。

执行缺陷综合征的行为学评价（BADS）

与失足少年们面谈时，我会为他们做一种叫作"日本版BADS（执行缺陷综合征的行为学评价）"的神经心理学检查，通过这项检查，我发现他们大都缺乏应变能力。

BADS 原本是为了评估脑高级功能障碍等脑损伤患者的执行功能而开发的一种方法。执行功能指在日常生活中遇到困难时，制订计划并有效实施，从而解决问题的能力。前文提到的"需要钱但却没有钱"的情况下应该怎么做，考验的就是这种能力。

一般来说，脑高级功能障碍患者仍能维持较高的智商水平，但却无法制订和执行计划。因为他们智商并没有问题，所以往往很难获得周围人的理解，在日常生活中会遭遇各种各样的困难。通过 BADS 测验评价相关的情况，可以了解他们在日常生活中的受困程度。

我对所有被送到少年管教所的失足少年都做了 BADS。因为在他们当中，有一些人明明智商很高，做事却总是不得要领，还有几个孩子恰恰相反，虽然智商比较低，但做事却很有条理，让人感觉他很聪明。智商可以通过韦氏儿童智力量表（WISC）或韦氏成人智力量表（WAIS）等检测，但我发现这些量表未必能恰如其分地衡量出他们实际上聪明与否。第 6 章还会详细介绍，只靠现有的智力检测并不能正确评估他们的能力和生存力。

BADS 中有一项"动作计划测验"。在一个透明的细长圆筒中装有一个木塞，旁边放有装着水的量杯，量杯上盖着盖子，盖子正中央有一个圆孔。另外受试者手边还有一个一端折弯了的铁丝、透明的圆筒和盖子（图 3–4）。测验的规则是受试者需要用铁丝、圆筒及盖子取出木塞，不能用手触碰装有木塞的圆筒和量杯。

要通过这项测验，应该先用透明的圆筒和盖子做成一只杯子，接下来用一端折弯的铁丝取下量杯的盖子，用水杯盛水，倒进装有木塞的圆筒里。这样等木塞浮上来，就可以把它取出来了。测验要求受试者提前考虑之后几步操作，才能制订出动作计划，正常孩子一般都能很快想到办法。

那么这些不会变通的失足少年们是怎么做的呢？他们会

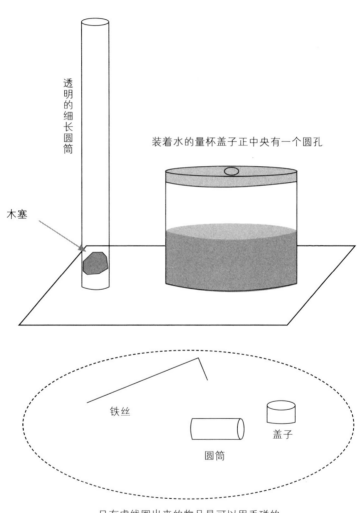

透明的细长圆筒

装着水的量杯盖子正中央有一个圆孔

木塞

铁丝

圆筒

盖子

只有虚线圈出来的物品是可以用手碰的

图 3-4

把铁丝伸到装有木塞的细长圆筒里，试图直接把木塞取出来。然而铁丝太短了，够不到木塞。他们明知道够不着，却还是一个劲儿地拼命去够，或者只会用小圆筒和盖子乒乒乓乓地敲打细长圆筒，一直到规定时间结束也想不到用它们做成杯子。他们注意不到旁边有一只装着水的量杯，甚至也不会产生"这里为什么会有水"的疑问。他们只看到眼前的木塞，根本无法想到用水让它浮起来的方法。我发现这些孩子的头脑十分死板，所以也难怪他们受到坏朋友的怂恿和教唆，就会毫不犹豫地去做坏事。

学校里也有很多"不会变通"的孩子

学校里也有很多不会变通的孩子，这些孩子也是遇到困难时只能想出一两个解决方案。如果只有一个解决方案，就无法判断这是不是最好的办法，而且这样的孩子还经常会重复过去经历过好几次的失败。在日常生活中，他们的这个特点常常会表现在以下方面：

经常做事不考虑后果→遇事不动脑筋，马上付诸行动；很少注意周围的情况；看到什么就直接冲上去；容易上当受骗；不懂得从过去吸取教训，经常重复同样的错误。

投入做一件事就会顾不上周围的情况→*行动之前就认定结果一定会怎样，一个劲儿地向前猛冲；固执己见；只看到部分信息，即使还有很多其他线索，也不会发现，常漏掉重要信息。*

有一些测试很容易体现出这种不会变通或者说头脑僵硬的孩子的特点。例如先提问一个简单的计算题（比如 100 − 7 等于多少等），然后再问他："怎样把 5 个苹果平均分给 3 个人？"

孩子们的答案一般可以分成两种。一种是把每个苹果都平均分成三份，然后把共计 15 份苹果分给 3 个人，每人 5 份。这种方法虽然没错，但其实没必要这么费事，另一种方法可以先给每个人分 1 个苹果，然后再考虑如何把剩下的 2 个苹果分给 3 个人，这样就简单多了。

还有一些孩子的回答显得有些神经质，他们会说"必须平均分成 3 份"，所以要用榨汁机把苹果榨成汁，然后再把苹果汁平均分成 3 份。

而不会变通的孩子和那些头脑僵化的孩子回答这个问题

的思路就和前面两种方式不太一样。

他们会说："老师，这是计算题对吧，应该是 5 ÷ 3，等于 1.6666……，不能整除，分不了。"

我根本没有规定这是计算题，但他们因为之前刚做过一道计算题，所以会错误地认为"这道也是计算题"，因而不会灵活变通，想出分苹果的方法。

类似这样的孩子在遇到问题时，往往会立刻得出结论。因为他们非常缺乏灵活的思维或不同的视角，不愿意多花一点时间，再想一想有没有更好的方法。这在人际关系方面也会给他们带来各种麻烦。

不会变通容易造成被害妄想

我对少年管教所的孩子们感受最深的一点是，他们总有很强的"被害感"。少年管教所每天有很多固定项目，时间都安排得很紧凑。孩子们一起行动时，经常会碰到彼此，所以他们经常告状，比如只是在擦肩而过时互相看了一眼，就抱怨"那家伙瞪我"；肩膀互相碰了一下，就说"他故意撞我"；

有人发出轻蔑的声音，就认为"他是针对我的"；周围有人说悄悄话，就认定"他们在说我坏话"等。

这些也许确实是事实，但他们从来不会有类似"说不定是我的错觉""也许我看错了"或者"可能人家不是故意的"等想法。大多数情况下，很多孩子头脑都非常僵硬，认定了一件事，就会固执地认为"绝对就是这样的"，从不改变自己的想法。这些微不足道的小事带来的不满在心里日积月累，会不断强化他们的被害感，遇到某些偶然的契机，就会上演孩子们突然扭打在一起的严重事态。这也是由于他们不会变通，思维僵化造成的。

不适当的自我评价：不了解自己的问题所在，过度自信或缺乏自信

如果一个孩子犯下了严重的错误，他要形成改过自新的想法，必须先经过"了解自己的现状"这个过程。只有认识到自己的问题或自己面临的困难，从心底里希望"我想变得更好"，他们才会拥有强大的动力去做出改变。

　　然而如果一个人明明有很多问题，或者面临着很多困难，却坚信"我没有问题""我是一个好人"，无法适当地评价自己的现状，那会怎么样呢？在这种情况下，他无法形成正确的反馈，也没有"我想改变自己"的动力，所以不但不会改过自新，还会在人际关系方面出现各种不适当的行为。

　　例如，在少年管教所，有一些少年具有下面的特点：

- 对自己的错误视而不见，却一味指责其他人的缺点
- 明明犯下了严重罪行，却仍旧认为自己是好人
- 自尊心格外脆弱，极端自高自大，或者相反，极不自信

　　就连杀人了的孩子都声称"我是一个好人"，让我十分震惊，同时也让我深刻地认识到，不想办法帮助他们纠正错误的自我评价，他们就不可能改过自新。

为什么无法正确评价自己

　　那么，他们为什么无法正确评价自己呢？这是因为只有处于与他人的适当的关系当中，才能形成适当的自我评价。例如，人们会根据别人传递过来的各种信号，逐渐形成自己

的形象，如：

> "小 A 每次和我说话都是满脸愤怒，他肯定很讨厌
> 我，是不是我哪里做得不好呢？"或者"那些人总是对我
> 笑脸相迎，他们一定都很喜欢我，说不定我其实很讨人
> 喜欢"等。

心理学家盖洛普曾经对在群体中自然成长的野生大猩猩
和与群体隔离饲养的大猩猩的自我认知发展过程做过对比，
他发现隔离饲养的大猩猩没有任何显示其具有自我认知能力
的迹象。

人也一样。在无人岛上独自生活的人不可能知道自己的
真实现状。也就是说，人要正确地了解自己，必须在生活中
与他人沟通，在此过程中彼此反馈适当的信号，观察对方的
反应，同时向自己反馈，大量重复这个过程。

然而如果一个人不关注别人的反应，只接收部分信息或
错误信息（例如对方明明在微笑，他却认为对方在生气，或
者对方明明在发怒，他却认为对方在笑等），那么会怎样呢？

这样的人会对自己做出错误的反馈。要形成正确的自我评价，需要具备全面收集正确信息的能力。要准确捕捉到对方的信号，就需要"认知功能"发挥作用，如正确地领悟对方的表情，准确地听到对方说的话等。

另一方面，也有一些孩子的自我肯定感极低，他们会说，"我讨厌自己，我没有一点值得自己喜欢的地方，什么优点都没有。"自我肯定感低会强化类似"反正像我这样的人……"的被害感，也有可能会进一步发展成愤怒。

总之，如果一个人面对什么事都无法正确评价自己，就有可能在人际关系方面引发纠纷，做出不适当的行为。

缺乏人际交往技巧：人际关系差会怎样

人际关系方面的烦恼是最容易让我们感到压力的来源之一。在很多情况下，如果人际交往处理得不好，工作和日常生活都会充满压力，有时还会带来更大的麻烦。

　　对孩子们来说也是一样。缺乏人际交往技巧的孩子尤其会在以下两个方面遇到困难：

- 不会拒绝自己不想做的事：如无法拒绝与坏朋友一起做坏事等
- 不会向别人求助：遇到霸凌也不会向其他人寻求帮助等

　　不会拒绝参与做坏事，就会随波逐流走上犯罪道路；不会寻求帮助，就导致心灵受到严重的伤害。

　　导致孩子缺乏人际交往技巧的因素有很多。其中有成长环境或性格方面的，也有可能是孤独症谱系障碍等发育障碍引起的，另外认知功能低下也会带来人际交往方面的困难。

　　例如，下面这几种情况：
- 听觉能力差→不懂朋友们在说什么，无法加入交谈当中
- 视觉能力差→看不懂别人的表情或动作，做出不适当的言行
- 想象能力差→不会换位思考，给对方带来不快

　　视觉能力、听觉能力和想象能力等认知功能低下，就无

法与别人顺畅沟通，如看不懂对方的表情和不悦；看不出周围的气氛；听不懂别人说的话；不理解交谈的背景，无法参与到对话当中；不会维持对话；不会预测自己的行为可能带来的后果等。这样的孩子有可能遭到霸凌，或者因为交不到朋友而对坏朋友言听计从，最终走上犯罪道路等。

为了不被讨厌去使坏

在走上犯罪道路的孩子当中，有很多人都不擅长人际交往。我在面谈时问，"你最不喜欢做什么事"，他们大多会回答最不喜欢"学习"和"跟别人说话"。

他们在社会上无法与别人顺畅沟通，因此常会为了不被朋友们嫌弃，或者为了得到朋友的认可，而去做出某些行为。例如，有个孩子做了一些调皮捣蛋的事，周围的朋友说"你这家伙可真逗"，那么他这种"调皮捣蛋的行为"就会被强化，逐步演变成做坏事（如小偷小摸或盗窃等），期望借此找到自己的价值。在坏朋友怂恿他去做坏事时，这样的孩子因为不想被讨厌，往往无法拒绝。经过进一步询问，我发现做坏事就是这些孩子为自己找到的求生手段。越是缺乏主见，什么事都听从坏朋友意见的"好孩子"，就越容易受周围影响，走上犯罪道路。

此外，他们还要面对更现实的问题。如今，据说在所有职业当中，有约 70% 都属于第三产业的服务业。与过去相比，在依靠大自然中劳作维持生计的第一产业和主要由手艺人从事的手工业等第二产业急剧减少，不擅长处理人际关系的人已经很难找到不注重人际关系的职业了。也就是说，缺乏人际交往技巧的人，在选择工作时也会处于不利地位。有很多学生都是因为不擅长人际交往，找工作面试时接连被几十家公司拒绝。

另一方面，帮助学生培养人际交往技巧的机会也越来越少。社交网络普及之后，人们不再直接见面或打电话，只要动一动手指就能立刻取得联系。过去手机尚未普及时，打电话到朋友家里，经常是对方的家人来接电话，所以孩子们都必须留意最低限度的礼节，注意打电话的时间，以及与别人说话时的措辞等，而现在已经没有这种必要了。

高难度的人际交往技巧

与异性交往最考验一个人的人际交往技巧。

例如，一个男生想与心仪的女生交往，他要在什么时候，挑选怎样的时机，通过何种方式向对方传达"我想和你约会"的心意呢？这需要高难度的人际关系技巧。发出了约会的邀请之后，要拉近与对方的距离，也需要更进一步的技巧。向对方表白心意，提出"我想和你交往"时，为了避免出现时机太早，或者对方完全没有这个意向的情况，应该事先充分揣摩对方的心思，这也需要技巧。在这些过程中，如果误解了对方的心意，或者一味地把自己的想法强加于人，有时就会发展成跟踪狂或性犯罪。

在性犯罪案件中，应该有很多是因为罪犯误认为"对方同意了"而贸然行动，最后构成强制猥亵或强奸的。尤其是存在智力障碍或发育障碍的性犯罪少年中，有些孩子就是在这方面特别偏执，执拗地认定"是对方女孩子先邀请我的，我被她骗了"。发育障碍有一个特征，就是不擅长想象别人的感受，固执己见，这在男女之间需要进行各种微妙的沟通时，可能出现性方面的问题行为的风险会更高。

我一直在少年管教所针对性犯罪少年开展预防再犯的小组训练。训练时，我问他们为什么要做猥亵行为，大多数孩子在最初都会回答"因为性欲，我就是特别想看女孩子的那里"，不过经过反复的小组训练，他们的回答逐渐变成"我在很多方面都感到特别压抑，为了发泄压力才做出猥亵行为的"。

这些孩子感到压抑的最大原因是共同的，就是霸凌。也就是说，很多时候，他们会为了发泄自己受到霸凌时感到的压力，物色比自己小的女孩子作为目标，实施性犯罪。霸凌现象不仅会伤害被霸凌的人，还会衍生其他受害者。存在发育障碍或智力障碍的孩子们缺乏人际交往技巧，受到霸凌之后，再去实施性犯罪，这正是"受害者变成加害者的一瞬间"。

笨手笨脚：不会控制力道，动作不协调

在犯罪少年当中，经常能看到一些身体姿势非常别扭，总是笨手笨脚的孩子。

在少年管教所的体育课上，经常会出现一些奇怪的现象，比如"在棒球比赛中，担任捕手的孩子明明把球投向了一垒，

球却飞向了站在他右侧不远处的教官"，或者"在足球比赛中，某些孩子想射门却踢了别人的腿，一场比赛下来，会有好几个人受伤"。

在日常生活中，少年管教所也经常会有孩子做出一些匪夷所思的事情，就像是"故意这么干的"，比如"开洗脸池的水龙头时用力过猛，把水龙头拧掉了"，或者"总是把小便尿到马桶外面，弄脏厕所"等。

进入社会之后，这样的孩子在找工作时也会麻烦不断，比如"打工洗碗时因为总是打碎盘子被辞退"，"上菜时把饭菜重重地摔在桌子上，导致顾客投诉"，或者"在建筑工地做事毛手毛脚，工头总骂他太危险，所以就不干了"等。还有一些犯罪时的情形，比如"跟别人打架，只是轻轻地踢了对方的头，就把人家的头盖骨踢出一个坑"或者"本来只是闹着玩，却把对方打成了重伤，最终因为伤害罪被逮捕"等。

从少年管教所释放以后，这些孩子即使想认真工作，也总是因为笨手笨脚被辞退，或者一不小心就犯了伤害罪。

此外，一般来说，这样的孩子的认知功能也比较差。比起服务业的工作，认知功能差的人更倾向于到建筑工地充当施工人员或者从事类似的体力劳动。然而笨手笨脚的人做体力活儿也会引发各种问题，很难持续下去，最终还是无法维持生计。从防止再次犯罪的角度来看，稳定的工作必不可少，然而笨手笨脚妨碍了他们正常工作，增加了再次犯罪的风险。

笨手笨脚的人在周围人眼里十分明显

有一种疾病与笨手笨脚的概念相关，叫作发育性协调障碍。

协调运动是指需要将多个不同动作组合在一起的运动。例如洗盘子时，为了防止盘子掉落，需要用一只手拿住盘子，另一只手拿着海绵清洗。两只手同时承担不同的动作，需要高度协调，属于协调运动。笨手笨脚的人在协调运动方面存在障碍，大运动（指较大的身体动作）和精细运动（指手指的活动）都有困难，在5~11岁儿童当中，约6%的孩子会遇到这种障碍。

笨手笨脚的人难以学会和完成日常生活中需要协调运动

的身体活动。与手指灵巧程度相关的精细运动包括系鞋带、系扣子等生活自理方面的重要动作，以及写字、使用剪刀、折纸和演奏乐器等创造性活动所必需的动作。笨手笨脚不仅体现在不擅长体育运动上，还有可能给孩子的生活自理和创造性活动带来困难。过去人们一般认为笨手笨脚的情况会随着孩子的成长自然消失，但也有很多事例表明，这种现象到了青年时期仍会持续下去。

另外，笨手笨脚的孩子十分引人注目。在学校里，假如有一个孩子数学测验只得了 30 分，他只要把试卷藏起来，不让别人看到，那么大家就不知道他数学学得不好。但身体动作就不一样了。在上体育课或者开运动会时，所有人都能看到笨手笨脚的孩子。在跳舞等需要大家动作保持一致的活动中，他们总是拖大家的后腿，因此会受到同学们的责难。这也可能让他们失去自信，或者成为霸凌的对象。存在发育障碍和智力障碍的孩子当中，笨手笨脚的人占有很大比例，医疗少年管教所的孩子们更是如此。

行动笨拙的特点和原因

笨手笨脚的孩子可能具有类似以下特点：

- 控制不好自己的力气

- 经常损坏物品

- 分不清左右

- 体态不好

- 坐不住

用开车来比喻的话，"控制不好自己的力气"和"经常损坏物品"很像一个人搞不懂把油门踩到什么程度汽车能开多快，或者方向盘要转多大角度能让汽车转多大的弯时的状态。他们对于自己的身体没有准确的认识。

"分不清左右"的人不擅长模仿别人的动作。如果一个孩子听到"举起右手"的指令，能马上举起右手，大家可能就会觉得他能分得清左右，但事实并非如此。他必须在老师不作声地举起右手，命令大家"跟我一样做"时，马上也举起右手，否则就说明他还是分不清左右。也就是说，只有能把别人的身体姿势准确地转换到自己身上，才能说是能分得清左右。

有些情况下，"体态不好"是肌肉的调节功能有问题造成的。如果肌肉的紧张度不够，关节处于松弛状态，保持直立的姿势时肚子也是向前挺着的，别人看起来就会觉得"体态不好"。反过来，如果肌肉过于紧张，缺乏灵活性，看上去就会像机器人一样，动作十分不自然。体态不好会导致"坐不住"。坐不住的孩子做不好手指的精细运动，手也会变得越来越笨。

笨手笨脚的孩子如果坐不住，会影响学习，如果不知如何控制自己的力气，则会影响人际交往。因此除了学习和社会交往方面，他们在身体方面也需要获得相应的帮助。

第 4 章

无人注意的孩子

孩子发出的求救信号

在教育一线，孩子们的很多行为都让老师头疼。我现在在一些幼儿园、小学和初中担任学校顾问，开展教育和发育等方面的咨询，老师们在咨询中提出的问题事例也很难用一种方法解决。其中包括发育和学习落后、发育障碍、自残、暴力、霸凌、拒绝上学、犯罪和家长教养不当等多个课题，表现形式也十分复杂。

例如，咨询事例中经常提到孩子们的下列行为和特征：

- 不会控制情绪，很容易发怒
- 无法与别人顺畅沟通
- 不能融入集体活动

- 经常丢三落四

- 专注力不够

- 对学习没有兴趣

- 不想做的事就不去做

- 说谎

- 把过错推到别人身上

- 坐不住

- 笨手笨脚

- 不自信

- 不听从老师指令

- 不会随机应变

- 逃避自己不喜欢的事

- 记不住汉字

- 不会算数

从这些事项当中，我发现了一个问题。

被送到少年管教所的孩子们之前都在少年鉴定所、家庭法庭接受过详细调查。每个人都会有一份厚厚的调查资料，其中包括案件的详细经过、家庭背景、以往生活经历、在小学和初中等的表现、以往犯罪历史、在儿童抚养设施等相关机构的表现、医学诊断、医师意见、心理测验结果和他在鉴定所写的作文等。在医疗少年管教所工作期间，每一位新送进来的孩子的调查资料我都会仔细整理和阅读。

孩子们的生活经历中记载了他在小学的表现，其中就会包括很多前文列举的特征。也就是说，这些并不只是在普通学校遇到困难的孩子们的特征，少年管教所里的犯罪少年们在小学时也曾表现出几乎完全一样的特征。

过去，我一直以为被送到少年管教所的孩子们一定都有着特别坎坷的生活经历。其中确实也有人曾遭受虐待、家庭暴力、父母入狱或离婚等，但这些并不是所有人的共同点，而前文列举的特征才是。在医疗少年管教所工作期间，我还进一步发现，进入少年管教所的孩子们并非恶劣得不可救药，而是从小学和初中时代就一直在发送信号。

求救"信号"始于小学二年级

翻看犯罪少年们的调查资料中的成长经历，可以发现前文提到的特征基本上都是从小学二年级前后开始陆续出现的。

除了这些，可能还会有学习跟不上、经常迟到、不按时完成作业、打人、小偷小摸等情况。导致这些问题的深层原因可能是智力障碍和发育障碍等孩子本身的问题，也可能是家庭内部养育不当或虐待等环境方面的问题。

但在一些事例中，这些孩子被朋友们鄙视，遭到霸凌，或者被老师和家长视为"不听话、管不好的孩子"，没有人关注这些现象背后的原因，只把他们看作问题儿童，最后导致问题越来越严重。这些孩子们上学期间还会有大人看管，而从学校毕业之后就得不到任何帮助了。除非遇到极大困难，否则他们几乎不会主动求助。这些人找不到稳定的工作，人际交往也不顺利，可能一直待在家里，逐渐被社会遗忘。

我在少年管教所曾经与一位 16 岁的少年面谈。他初中毕业后找到了工作，但因为强制猥亵幼女被逮捕，被送到了少年管教所。我问他从少年管教所释放之后是否还想去高中学习，他这样回答：

我一学习就特别心烦。当初父母想让我上高中，所以我也去参加了补习班，可是我根本学不会，压力特别大，生活上也是一团糟。我从小就学习不好。然后我太烦了，就去做了坏事。如果当时让我接受特殊教育，压力就不会那么大了。以后如果可以的话，我想去申请疗愈手册①。

我没有说过疗愈手册和特殊支援教育的相关信息，但他自己感到有这种需要，不断提出诉求，却未能获得周围大人们的理解。如果他在小学阶段就能接受特殊支援教育，也许就不会伤害别人，也不会被送进少年管教所了。

家长也从未察觉

我想很多与家长打过交道的专家或者学校老师们都很清楚，让家长认识到孩子的问题特别难。

我去学校为老师们举办讲座，在最后的答疑环节，每次

---

① 疗愈手册是日本的三种残疾人证之中的一种，主要发放给智力障碍人士，以便他们更易于接受扶助和咨询服务等。

都一定会有人问我"应该怎样对待那些不愿意了解孩子问题的家长"。这是所有提供帮助的人的共同烦恼，因为找不到合适的对策，所以总会有人提问，这也反映出让家长了解孩子的问题的难度之大。

我曾经与一个杀了人的犯罪少年的家长面谈。这个孩子杀害了霸凌自己的同学，家长认为儿子没有过错，也从来没有对受害者家属表示过道歉或安慰。相反，他们对受害者家属十分愤怒："怪你儿子不应该欺负别人，我从小就告诉孩子谁敢打他就要打回去。"自己的孩子犯下了杀人的重罪，家长竟然还不想去理解和面对孩子的问题，也难怪有人不重视孩子的小问题，一直不闻不问了。

社会也从未察觉

患有认知障碍和身体障碍的犯罪少年都希望从少年管教所释放后能在社会上认真工作。于是帮助他们的人会寻找愿意宽容对待罪犯的公司，介绍他们去工作，然而刚过一个月，最长也不会超过三个月，他们一般都会离职。这些人虽然有工作的愿意，但就算找到了工作也难以持久。

正如前文介绍的，由于认知功能低下，缺乏人际交往技巧或笨手笨脚等原因，他们总会惹出一些麻烦，比如做不好或者记不住别人交代的工作，不会处理工作中的人际关系，无法按时出勤等，用人企业虽然愿意接纳他们过去的罪行，却并不十分了解发育障碍或智力障碍的情况，所以常会训斥他们，导致他们因为不满而离职。

不工作就没有收入，但他们仍然想去玩乐，所以有时就会选择盗窃等能很快搞到钱的方法。在这种现象背后，我认为这些人依次遇到了下面"4 个障碍"：

- 第一个障碍：身体本身的障碍
- 第二个障碍：得不到周围的理解，在学校等没有得到适当的扶助
- 第三个障碍：犯罪后被送到矫正机构，更加得不到理解，严厉的管教使情况进一步恶化
- 第四个障碍：进入社会之后也得不到理解，再加上周围的偏见，导致他们无法持续工作，再次犯罪

"排在班级最后 5 名"的孩子

那么到底有多少孩子需要特殊支援，却没有得到相应的关注呢？

目前，如果智商低于 70 分，影响正常的社会生活，一般会被诊断为智力障碍。智力障碍的定义主要是美国制定的。根据美国精神医学会编撰出版的《精神障碍诊断与统计手册》第 5 版（DSM-5），智商分数不作为诊断智力障碍的标准，但医疗和福利领域实际上仍会使用智商分数。

现在大家普遍接受的"智力障碍指智商低于 70 分"这个定义其实是 20 世纪 70 年代以后出现的。在 20 世纪 50 年代的一段时期，智力障碍的标准曾经是"智商低于 85 分"。如今，智商介于 70 分和 84 分之间属于"边缘智力"。如果按照"智商低于 85 分"的标准判断，会有约 16% 的人被诊断为智力障碍，这样一来，智力障碍人数过多，超出社会能够实际提供帮助的范围，于是出于类似的各种理由，智力障碍的诊断标准才由"智商低于 85 分"降到了"低于 70 分"。

需要注意的是，智力障碍的定义可以随着时代的变化而变化，但现实却并不会改变。智商介于 70 分和 84 分之间的孩子们，也就是现在所说的智力处于边缘状态的孩子们依然是存在的。

他们可能与智力障碍者一样，会遇到很多困难，也同样需要帮助。那么有多少孩子属于这种情况呢？根据智力分布推测，约占人口的 14%。也就是说，现在每个班级的标准人数是 35 人，其中就有大约 5 个孩子属于这个范围。按照过去的定义，在班级里排在最后 5 名的孩子可能相当于智力障碍的水平。当然，问题并不这么简单，不过现在在学校里，很有可能班级里排在最后 5 名的孩子正在发出各种求救信号，却没有得到周围的关注。

无法确诊病因的孩子

通常，班级里会有些孩子被诊断为注意缺陷与多动障碍、孤独症谱系障碍或学习障碍（LD）。这样的孩子有了医院的诊断，相对来说还比较容易得到周围的理解。然而排在班级最后 5 名的孩子们虽然会遇到很多困难，却得不到明确的诊断。即使去医院做各种检查，只要智商高于 70 分，医生都会说"智力上没有问题，再观察一段时间吧"，于是他们就这样失去了获得帮助的机会。

此外，由于智力障碍本身并不是医院治疗的对象，所以轻度智力障碍也不太容易被发现，很少会得到诊断。按照内阁府 2018 年公布的残疾人白皮书的统计，日本的智力障碍者约有 108 万人，而在 5 年之前，也就是 2013 年，这个数值是54.7 万人。在 5 年之内，智力障碍者的人数居然增加了一倍。

一般来说，智力障碍者的人数是不可能突然急剧增加的。那么这意味着什么呢？其实是随着人们对智力障碍的了解，有更多的人申请办理了疗愈手册。反过来也可以说，还有相当大比例的智力障碍者需要帮助，但还没有得到相应的关注。至于属于边缘智力的人，就更不容易被发现了，即使去了医院，一般也不会得到适当的诊断，无法获得帮助。另外，医院的医生和工作人员也没有帮助他们的具体方法。这些孩子面临的困境依然没有任何改变。

有可能走上犯罪道路的孩子

我现在也担任学校顾问，提供教育咨询。

学校顾问的工作是听取一些在学校遇到困难的孩子的事例，与老师一起讨论应该如何理解他们，以及如何解决这些问题。教育咨询主要是接待学习有困难或者不会跟朋友相处的孩子和家长，为他们提供建议。在这些工作中，我遇到过各种各样的事例。有一些孩子的特点在我们讨论的事例当中只是少数情况，但与犯罪少年过去在小学阶段表现出的特点十分相似。

例如，很容易暴怒打人，不会充分表达自己的感受，丢三落四，上课注意力不集中，说谎，自尊心不强，不会见机行事等，很多犯罪少年上小学时都有过同样的特点。我定期担任顾问的学校还好，因为如果老师们提出事例，我可以和他们一起讨论应该如何帮助这些孩子。但对大多数学校来说，老师们很可能并不会注意到具备这些特征的孩子们。

无人知晓所以遭到警察逮捕

如果孩子们的这些预兆在小学时没有得到关注，他上了中学之后，问题就更难解决了。虽然他们在小学也有很大压力，但总算能在老师的帮助下毕业，而到中学以后，情况就彻底变了。

这个时期，周围环境发生的巨大变化被称为"初一鸿沟"。孩子们从初中开始进入青春期，情绪本来就不很稳定，再加上定期测验、高低年级学生之间的关系、社团活动、异性关系等，孩子们所处的环境与之前截然不同，会感到巨大的压力。面对家长，他们在依赖和叛逆之间反复摇摆，只有在家长支持和接纳之下，才能逐渐稳定下来。

然而，那些需要别人帮助的孩子很难适应这些变化。他们会感到非常压抑。一般来说，有些孩子会开始逃学，或者即使去了学校，也会因为无处发泄多余的能量，反复违纪违法，如殴打老师、损坏物品、结交坏孩子、夜不归宿、吸烟、偷盗自行车等，学校对他们已经束手无策。到了这个地步，接下来等待他们的，就只有被警察关照或逮捕了。因此，在走到这一步之前，如何在小学阶段尽早捕捉到他们的求救信号，采取相应的措施，这才是最重要的。

那么，这些孩子长大成人之后会怎么样呢？在校期间还有老师照顾他们，进入社会之后，他们就会被彻底遗忘。

走上社会之后，这些孩子将面临严峻的现实。他们在工作中经常出错，处理不好工作中的人际关系，因而会频繁更换工作，之后可能会躲在家里闭门不出，患上抑郁症，还有在最坏的情形下，他们会进监狱。下一章将介绍这些被遗忘的成年人们。

第 5 章

遭到遗忘的一群人

行为无人理解的一群人

在近几年来的新闻报道中，常会有一些匪夷所思的案件，让人觉得"都这么大年纪的人了，怎么会干出这种犯罪的事？"

我印象最深的是 2014 年发生在神户市长田区的一个案件，一名小学一年级女生被人杀害。被害的女孩在放学后去朋友家的路上失踪，最后在附近小树林里被人发现，遗体被装在一个塑料袋里。

按照我们的猜测，罪犯一定会想方设法不让警方找到自己。然而这个塑料袋里不仅有烟头，还有写着名字的就诊记录。在正常人眼里，没有哪个罪犯会把写有自己名字的就诊记录跟被害人遗体装在一起。

　　我感到非常奇怪，他这样做不是马上就会暴露自己吗？
犯罪嫌疑人曾经在日本陆上自卫队服过役，还持有大型机动
车一类驾驶证和特种车驾驶证，无疑还是有一定能力的。那
他为什么要把写着自己名字的就诊记录装进塑料袋呢？我又
想，他会不会属于那种常人无法理解的变态人格呢？

　　后来得知犯罪嫌疑人有疗愈手册（属于轻度智力障碍范
围），我总算明白了他为什么会做出这些怪异行为。存在智力
障碍的人做事时不会考虑后果。他们想象不出这样做会怎样，
那样做又会怎样。特别是在着急做什么事时，他们更倾向于
只为应付眼下问题做出判断，而不会考虑前因后果。大概他
没有想到，把就诊记录一起装在袋子里会暴露自己的身份吧。

　　像这样从逻辑上思考做哪些事情会引发哪些后果，叫作
"思考的深度"，这也可以说是预判未来的能力。存在智力障
碍的人思考问题很浅，预判将来的能力也比较弱。

　　人们常有一个很严重的误解，认为如果一个人存在智力
障碍，周围肯定能发现，总会为他提供某些帮助。

　　然而在日常生活中，轻度智力障碍者一般不会表现出不同于常人的特点。轻度智力障碍的人也有可能进入陆上自卫队，也有可能考取大型机动车等一类的驾驶证和特种车驾驶证。特别是属于轻度认知障碍和边缘智力的人们，在生活中几乎不会被周围人发现，直到某一天出了什么问题，才成了让人难以理解"为什么会做出这种事"的人。

有14%的人过去是"轻度智力障碍"

　　这种让周围人难以理解，言行怪异的人在社会上占有多大比例呢？

　　前一章也介绍过，目前智力障碍的定义大致是智商低于70分，影响正常的社会交往。按照这个定义来衡量的话，大约有2%的人属于智力障碍。然而如果采用20世纪50年代"智商低于85分"的标准，这个比例就会变成16%。也就是说，用16%减去2%，有14%的人智商介于70分和84分之间，在过去属于轻度智力障碍者。当然，最新的DSM-5规定的智力障碍诊断标准中不包括智商分数，所以现在已经不能这样

衡量，但实际上，要想在社会上维持正常的生活，智商低于
100 分应该都会感到十分辛苦。所以那些智商低于 85 分的人
可能会遇到相当多的困难。

不过他们最大的困难是很难自己主动寻求帮助。他们没
有被官方认定为存在智力障碍，所以很少能获得扶助，很可
能生活得十分艰难，例如找不到稳定的工作，或者工作不能
持久，不愿出门，被卷入各种事件等。

长大后被彻底遗忘的一群麻烦人

美国智力与发展障碍协会出版了《智力障碍——定义、
诊断、分类与支持体系》(第 11 版)，这本书的第 12 章是
"对智商水平相对较高的智力障碍人群的帮助需求"。这一章
讨论的正是 "被遗忘的人们"，其中写道，80%~90% 的智力
障碍者都属于智商水平相对较高的人群，别人很难区分他们
与正常人群。

轻度智力障碍和边缘智力者常常因为 "轻度" 一词遭到

误解，其实他们在很多方面都需要支持。然而在社会上，由于他们与普通人几乎没有区别，所以可能被委以高难度的工作，出错就会受到责备，或者他们自己也会认为是自己没做好。他们自己更愿意表现得"正常"一些，所以即使在工作上总是出错，也很可能错过或拒绝获得支持的机会。

此外，这本书还总结了智力障碍人群的如下特点：

- 收入少，贫困率高，就业率低
- 单亲家庭较多
- 不太容易考取驾驶证
- 营养状态不好，肥胖率高
- 难以建立和维持朋友关系，容易陷入孤独
- 不能获得支持时，容易出现问题行为

同时，书中也写道，上述大多数问题都没有研究文献提及。

毫无疑问，他们正是"被遗忘的人们"。

与正常人难以区分

在日常生活中，智力方面存在障碍的人与正常人几乎没什么区别。特别是轻度智力障碍和边缘智力者，因为他们也能进行正常的日常对话，有时会让人怀疑是否真的有障碍。

只有在遇到某些困难的场景下，才能看出他们与正常人的不同。他们可以应付平时习以为常的事情，但第一次遇到与平时不同的情况，他们就会陷入思考停滞的状态，不知道应该如何应对。这样的人都不会随机应变。

例如，每天乘坐的电车因人身事故停运时，他们不会灵活应对，寻找其他路径，而是陷入恐慌，执意还要采用以往的通勤方式，或者盲目地听从他人的摆布。从某种意义上看，遇到困难时能灵活应对就是"聪明"，而他们最不擅长这种类型的思考。反过来说，如果没有任何异常情况，智力障碍者很难与普通人区分，他们因此无法得到关注，常常被遗忘。

关于"轻度"的误解

智力障碍大致可以分为轻度、中度、重度和极重度等不同级别。其中，80% 以上的智力障碍都属于轻度，所以我们说到智力障碍，基本上也可以考虑为轻度智力障碍。不过这并不意味着对轻度智力障碍者不需要像对中度和重度智力障碍那样提供支持。相反，因为轻度智力障碍与正常人不好区分，自然也就更容易被忽视。"轻度"这个词容易让人误以为他们不太需要支持，他们自己也愿意装作普通人，拒绝接受帮助，所以往往会错过获得支持的机会。

但另一方面，在日常生活中，他们在社会上往往需要直接面对各种困境，如被视为"讨厌的人"，受到攻击或剥削等。因此，在有些情况下，他们也可能无意中被卷入反社会性质的行为。在曾经工作的少年管教所里，我看到很多这样的孩子。

智力缺陷可能是施虐的原因

近几年来，与虐待相关的举报突然增加了很多，2017 年超过了 13 万件。当然其中一些只是举报，其实不能算是虐待，或者虽然有虐待的嫌疑，但还没有达到需要采取保护措施的程度等，这 13 万件并非全都是虐待。

尽早发现和保护遭到虐待的儿童非常重要，但在所有虐待举报中，其实只有约 10% 的儿童会被从父母身边带走送到相关机构。也就是说，90% 的孩子仍旧要回到父母身边。另外，即使是因为受到虐待被送到保护机构的孩子，他们终究有一天还是要回到父母身边。因此，除了保护受到虐待的孩子，还要考虑提供怎样的支持才能防止家长再次虐待儿童，这才是关键。

一般来说，虐待儿童的父母都有一个特点，就是思维定式很严重，比较认死理，总是觉得有些事情就一定要怎样怎样。他们往往不愿意在别人面前示弱，遇到困难时不会向别人求助，生活在孤立无援的状态，不擅长人际交往，经济状况也比较困窘。看到这些特点，你发现什么了吗？是的，这些特点与轻度智力障碍和边缘智力者十分相似。

父母在养育孩子的过程中，会遇到各种突发情况。如果是在智力方面存在障碍的父母，就有可能陷入恐慌，不顾婴儿的反抗，坚持同一种方法，或者干脆逃避和放弃养育婴儿的义务。我觉得在虐待儿童的父母当中，应该有很大比例的人都属于未被关注的智力障碍者，他们也在发出求救信号。

我无法检测虐待儿童的父母的智商，再说其中也有一些学历很高的人，所以我的这个想法还只是猜测。不过如果这些父母确实存在智力障碍，为了预防虐待，除了在心理和社会方面支持亲子关系重建，还应该从父母的生物学视角出发，关注他们的能力并提供支持。

本来应得到保护的残疾人却成了罪犯

残疾人需要周围的支持，有很多人为了帮助他们，每天都在钻研各种更好的方法。

残疾人格外容易受伤，他们缺乏成功体验，所以很难拥有自信。因此，帮助他们的人每天说话都要字斟句酌，避免伤害他们，尽可能地帮助他们自信起来。

但是大家想一想，如果有人出于无心说了可能会伤害他们的话会怎么样呢？可能他们马上就会一蹶不振。残疾人的心像玻璃一样，既敏感又脆弱。他们本应得到悉心照护，避免心灵受伤，然而在学校里，在社会上，他们被忽视，被伤害，不但自己成了受害者，还有可能反过来成了罪犯（也可以叫作触法残疾人）。

我曾经工作过的医疗少年管教所里收容的就是这样的孩子。残障儿童本来需要人们精心呵护，但他们在学校里却无人关注，未能得到适当的帮助，甚至还有可能受到虐待，遭到霸凌，最终成为伤害别人的人。

他们走上社会之后，情况会更加严峻。没有了学校老师们的关心，他们无法应对社会的种种考验，或者躲在家里闭门不出，或者罹患疾病，更有甚者成了罪犯。

监狱里有很多被遗忘的人

日本前众议院议员山本让司曾因违反《政治资金管理法》

被关押在栃木县黑羽监狱服刑，他在《狱窗记》一书中也详细介绍过这个问题。山本原本以为监狱里关的都是穷凶极恶的罪犯，但实际看到的却是很多存在智力障碍的服刑者。

　　监狱里的服刑者中，有很大比例的人属于轻度智力障碍或边缘智力。法务省矫正统计表的数据显示，在 2017 年入狱的 19336 名服刑者中，有 3879 人的能力检测值（CAPAS）[①]低于 69，能力检测值与智商数值相当。也就是说，约 20%的服刑者存在智力障碍。其中约 17% 的人为轻度智力障碍（CAPAS 值为 50~69），另外还有约 34% 的人为边缘智力（CAPAS 值 70~79 的人和约一半 80~89 的人的合计）。也就是说，矫正统计表中的轻度智力障碍和边缘智力者加起来，在当年入狱者中占了约一半。一般来说，轻度智力障碍和边缘智力者在总人口中约占 15%~16%，所以监狱里的这个比例可以说是相当高的。

　　但是这个数字受到了质疑，根据 2014 年法务综合研究所公布的统计结果《法务综合研究所研究部报告 52》，智力障碍

---

① 指日本矫正协会为了衡量成年服刑者各项能力和学习能力而开发的一种检测方法，分为面向集体实施的能力检测和面向个人实施的能力检测。

者的比例为 2.4%，与法务省矫正统计表中的 20% 相差近 8 倍。

为什么会出现这么大的差距呢？这是因为矫正统计表采用的方法是用 CAPAS 作为检测智能指数（相当于智商）。虽然 CAPAS 与韦氏成人智力量表（最具代表性的智商检测，对智力障碍的判定来说必不可少）在某种程度上相关，但也有人指出过 CAPAS 的一些缺陷，例如年龄修正不充分，受试者中老年人较多时，CAPAS 数值容易偏低，屡次犯罪者接受检测的意愿往往比较低，所以检测结果中会有更多的人相当于智力障碍者等。但就算存在这些问题，就能说监狱里的智力障碍者只有 2.4% 吗？

那么 2014 年法务综合研究所的调查又是如何计算服刑者中智力障碍者人数的呢？从报告中可以发现，这项数据的统计方法是让监狱工作人员填写调查表，上报智力障碍者或者疑似智力障碍者人数。所以他们上报的是经过医生诊断，或者经 CAPAS 检测怀疑存在智力障碍但还需要由医生诊断的人。

也就是说，这项调查其实有一些问题，比如受刑者是否存在智力障碍是由工作人员判断的，没有考虑 CAPAS 检测没有问题的人，也没有考虑边缘智力者等。在这种情况下，根本不能反映监狱里的真实情况。如果 CAPAS 数值高于实际智力水平，比如某个服刑者原本智商只有 65 分，但 CAPAS 数值是 80 的话，那么他很有可能是没有被统计在内的。

少年管教所里也有"被遗忘的少年"

我工作过的少年管教所也曾经出现过这种情况，也就是评估结果可能要高出孩子们实际的智力水平。

在集体能力检测中，有一个孩子的检测数值相当于智商 80 以上，被认定为没有智力问题，但他在少年管教所却屡次出现不适应的情况，多次被关禁闭。每当他在少年管教所惹了什么麻烦，都会被提到会上讨论，受到处分。

后来决定由我为他做神经科方面的检查。我让他尝试了各种练习，发现他连简单的计算题也算不出来，不会临摹简单的图形，所以我怀疑他在智力方面存在障碍，最终经过正式的韦氏成人智力量表测验，他的智商只有 60 分左右。最后这个孩子从少年管教所被释放之后去了专门接纳智力障碍者的机构。

　　这只是众多事例中的一个。除了他以外，我还遇到过很多犯罪少年，在集体能力检测中评估得出的分数都明显高出他们的实际智力水平。关于这件事，我曾经问过少年鉴定所的心理专家，对方告诉我因为没有时间用韦氏成人智力量表为所有人检测准确数值，所以只要在集体能力检测时没有被怀疑存在智力障碍，就不会再做进一步检查。

　　这真是太可怕了。因为只要少年鉴定所判断"没有智力问题"，负责指导孩子们的法务教官就会接受这个结论，不能随意修改。既然"没有智力问题"，那么他们引发一些问题时，便会受到与正常孩子们同样严厉的处罚。实际上，也确实有一些法务教官，每当这些孩子惹了什么事，就会指责他们"狡猾""反抗""不上进""装的""就是想吸引别人注意"等，这些发言甚至让人怀疑他们到底是不是处理犯罪问题的专家。

　　即使受到了严厉处罚，在智力方面存在障碍的孩子们也无法理解前因后果，只能屡屡做出反抗等不适应行为。每次发生这种情况，他们又会受到处罚，如被进关禁闭室反省，推迟从少年管教所释放的时间等。而这会导致他们更加反抗，再次受到处分，陷入恶性循环。对于明显处于恶性循环之中的孩子，接下来就会有精神科医生开药，抑制他们的情绪，让他们服从教官的指令。如果效果不明显，服药剂量还会逐渐加大，甚至有些孩子从少年管教所释放时已经成了精神病患者，不持续服药就无法维持正常生活了。

存在障碍的孩子原本就处于弱势，被施加严厉处罚之后，他们中有很多人会出现类似抑郁症的状态，或者发展成精神疾病，需要服用精神类药物治疗。他们被迫服用原本无须服用的药物，从少年管教所释放后不得不去精神科医院看病，可以说是我们这些大人毁了他们的一生。

受害者变成加害者

多年以来，我一直针对性犯罪少年实施预防再次犯罪的治疗项目。一般来说，有不少研究者认为，性犯罪少年大多在幼年时期遭受过性侵，但我接手的性犯罪少年们并不都属于这种情况。也有可能只是他们不愿意说出自己曾遭受侵害的经历，不过我发现他们遭受霸凌的情况要更为普遍和严重。这些孩子当中，95% 的人都曾被霸凌得很惨，然后一多半人会选择寻找幼女施加性侵害来排解压力。

如果发现他们有明显的残障，周围人可能会提供各种形式的帮助，避免他们受到霸凌。然而很多未能得到关注的孩子们学习不好，不会与别人交往，没有朋友，不擅长运动，这种状态下，他们被霸凌的风险更大。遭到霸凌之后，他们会去寻找比自己更弱势的对象，屡次实施性犯罪。这完全是受害者又变成了加害者。

第 6 章

单凭赞美无法解决任何问题

赞美教育真的能改善现状吗

在这一章，我想讨论一下目前学校等机构是否真正对孩子们起到了支持的作用。

有很多孩子会由于各种原因遇到各种困难。我现在定期到多所小学和初中担任顾问。学校的老师们会提出一些遇到困难的孩子们的事例，我和大家一起讨论应该如何应对。具体的流程是这样的：

首先，班主任老师作为事例提供者介绍需要咨询的孩子的具体情况。然后，参会人员分成若干小组，针对这些情况提出自己的疑问，加深参会者对这个孩子的了解。最后，参会者们讨论应该如何为其提供帮助，由各个小组提出帮助方案。

在这些会上，老师们最经常提出的方案一般都是"发现孩子的优点，多表扬"。大家认为，经常惹事的孩子往往是缺点最容易受到关注，所以应该尽量找到优点来表扬他，即使是小事也要及时表扬，或者给他指派一些任务，在他做得好时提出表扬，总之无论如何就是要不断"表扬"。每当听到这样的发言，我总是有一种"又来了"的感觉。

当然，我并不否定表扬的作用。但在这种情况下，提供事例供大家分析的班主任老师其实是最难过的。因为不用大家说，他当然也知道要多表扬孩子。现在大家这样建议，他会感到一言难尽。因为无论哪位老师，都是早就已经在这样做了，就是因为试过很多次仍然没有效果，所以才作为分析事例提出来，请大家出谋划策的。

事例中的孩子学习不好，不擅长运动，不会与人交往，也不太容易找到可以表扬的地方。所以老师更会拼命发掘他的优点，即使是一些在社会上通常算不上什么值得表扬的事，老师也会表扬他。

但这样做真的能解决问题吗？孩子刚得到表扬时特别高兴，也许能起到一些效果，但作用并不会持久。不从根本上解决问题，大多数孩子很快又会变回老样子。

少年管教所里也有这样的孩子。有的孩子在被教官批评或管教时，会哭着辩解说："像我这种性格的孩子，需要大人多表扬才能有进步。"可能他的父母曾经这样说过吧，然而他最终却被送进了少年管教所。

除了"表扬"，还有一个办法也是大家经常提到的，就是"倾听"孩子的感受。这样做可以起到接纳孩子情绪，帮助他恢复平静的作用，但不能从根本上解决问题，所以效果也会逐渐消失。

"表扬"和"倾听"可以应付一时，但从长远来看，都不是根本的解决方法，反而会把孩子的问题一直拖延下去。

例如，面对一个因为学习不好导致没有自信，总是感到焦虑烦躁的孩子，即使表扬他"你跑得特别快"，或者接纳他的感受——"学习跟不上，所以你会感到烦躁"，也无法改变他学习不好的事实。最根本的解决办法应该是直接在学习上帮助他提高学习成绩，除此之外别无他法。

在小学阶段，表扬和倾听也许能在一定程度上管用。但这些方法到了初中行不通，到了高中也行不通，到了社会上更行不通，孩子到了那时抱怨"谁也不表扬我""没有人倾听我的感受"，却解决不了任何问题。

"这个孩子缺乏自尊"的老套说法

我在学校提供咨询时，有一个流程是深入了解孩子，这个环节也有一句话是每次都会有人说的，那就是"这个孩子缺乏自尊心"。

在为了理解遇到困难的孩子而举行的讨论会上，人们一定会说这句话。在少年鉴定所，心理专家填写少年调查表时也几乎一定会写上这句话："该少年缺乏自尊心。"

关于这件事，我总觉得有些不太对。首先，对于曾经引发各种问题的孩子来说，他们过去一直处于家长和老师的批评和叱责之中，不可能保持很强的自尊心。所以他们"缺乏自尊心"才是正常的，这么写肯定不会错。

其次还有一个问题，就是说到底，孩子们不可以"缺乏自尊心"吗？

我们成年人又如何呢？成年人的自尊心都很强吗？大多数人都有过工作不顺利，对自己不够自信，自尊心脆弱的时候。而如果工作一帆风顺，在社会上取得成功，那么自尊心也会随之增强。不过我想在成年人当中，也有很多人因为饱受社会的毒打，工作磕磕绊绊，人际关系也不尽如人意，没有理想的家庭等原因，很难自信起来，自尊心也没那么强。

但这样的人并不是都会在社会上犯罪，出现不适应社会的问题。也就是说，就算缺乏自尊心，也完全可以在社会上努力生活下去。有些人自尊心太强反而可能陷入自恋，让人感觉过于自我。成年人也很难一直保持自尊心很强的状态，却只顾着指责孩子们"缺乏自尊心"，这样的人为孩子们提供帮助其实是矛盾的。

　　问题其实不在于这些孩子缺乏自尊心，而是他们的自尊心偏离实际，比如明明一事无成却盲目自信，或者明明什么都会做却完全没有自信。也就是说，不了解自己的真实情况才是问题的根源。

　　在"缺乏自尊心"这句话的后面，心理专家们一般还会再加上一句"今后需要帮助其提升自尊心"作为结论。每次看到这样的评语，我都想问问他，"您作为心理专家写了这些话，那么您的自尊心就很强吗？"我觉得孩子们没有必要勉强提升自尊心，他们更需要强大的内心，即使缺乏自尊心，也要接受现实中真实的自己。我希望人们以后不要再随随便便地拿"自尊心"说事儿了。

学科之外的教育为零

　　学校对孩子们的帮助主要可以分为学习、身体（运动）和社会（人际关系）这三个大类。除了一些针对家长的帮助，直接面向孩子的基本都属于这三个方面。

　　我经常问来听我演讲的学校老师们，"在这三个方面当中，我们希望孩子们最终都能掌握的，最重要的是哪一个呢？"

　　几乎所有老师都说是"社会"。于是我又接着问他们，"那么在这个最重要的方面，学校提供过哪些系统性的帮助呢？"

　　结果几乎所有的老师都说"什么都没有"，偶尔也有老师回答"孩子们互相产生矛盾时，我会随时教育和引导他们"。

　　请大家想一想。在小学，语文、数学、科学和社会等主科占据了课程表的大部分时间，道德课每个星期只有一节。那么在道德课上，老师会为学生提供社会方面的帮助吗？答案也是否定的。另外，如果只是"产生矛盾时随时教育和引导"，就意味着只有在偶尔需要时，才会提供社会方面的帮助。也就是说，当今的学校教育完全没有系统的社会方面的教育。这个问题十分严重。

　　社会方面的教育指帮助学生掌握与别人沟通的技巧、控制情绪、礼貌待人和解决问题的能力等在社会上生存必不可少的能力。这些内容中，无论缺少哪一项，孩子们长大以后都将难以在社会上顺利发展。

我实在不能理解，社会方面的帮助对学生如此重要，学校教育却几乎没有任何系统性的措施。正因为学校教育什么都没做，才会有一些孩子需要在进入少年管教所之后，从零开始学习社会方面的常识。

有些孩子很容易暴怒，那么就需要教他如何控制情绪；有些孩子不知道如何向别人请教问题，向别人问候和致谢，那么就需要从零开始教他应该怎样做。大多数孩子可以在集体生活中无师自通地掌握这些社会常识，但存在发育障碍或智力障碍的孩子很难顺其自然地学会，必须在学校系统学习。不学习这些内容，很容易导致问题行为，孩子们走上犯罪道路的风险也更大。

认知功能是所有学习的基础

最近，我一直在某市举办教育咨询活动。有很多母亲带着不同学校的孩子来找我。他们的问题主要包括学习跟不上，上课注意力不集中，不会写汉字，不会抄板书，不会做计算题等，以小学二三年级的孩子居多。

　　咨询共分为三次进行，前两次由临床心理医生做发育方面的检查，并向家长了解孩子的成长经历。发育方面的检查主要是依托儿童智力量表检测，也有心理检查等，最重要的还是要掌握孩子的智力情况。此外，医生还会询问母亲，孩子在幼儿时期有没有可能因发育障碍导致的特殊经历。

　　家长们都是因为担心孩子的发育情况，特意来参加咨询的，所以一般也确实会发现一些问题。其中比较多的就是边缘智力和能力不均衡。我会让孩子们做一些第 7 章介绍的认知功能强化训练，比如连线（把多个点连成一个图形，并在下面临摹图形）、找图形（从很多点中找出能形成正三角形的点，用线连起来）和整理（把随机分布的☆分成 5 个一组圈起来）等。结果我发现，不会写汉字、不会抄板书或者不会做计算题的孩子一般也做不好这些练习题。

　　如果不能照着简单的图形准确地临摹下来，就很难记住汉字的写法。汉字要比练习题中的图形更复杂，难度更大。

因为写汉字时没有现成的点可以参照，而且笔画的变化也更多。不会写汉字，说明这些孩子认知形状的能力没有发育好。

此外，还有些孩子无法从很多点中找出正三角形，这是因为他们缺乏感知"恒定性"的能力，也就是无法在位置和大小变化之后辨认出同一种形状。孩子如果缺乏感知恒定性的能力，就学不会用小字把黑板上的大字抄在笔记本上。

有的孩子不会按照每5个一组，把☆圈出来，说明他缺乏"用数字表示数量"的能力，这种能力在计算进位加法时必不可少。如果上述临摹、寻找和计数等基础认知能力有欠缺，就很难跟上学习的进度。

但在学校里，如果哪个孩子不会写汉字，老师只会让他多练习写字，哪个孩子不会做计算题就专门让他练习计算，也就是说，老师往往是在让他们做一些他们做不到的事情。在计算和写汉字等学习内容的背后，需要"临摹"和"计数"等基础能力，不训练这些能力，孩子们就会学得非常痛苦。

例如，孩子们要做语文阅读理解题，前提是必须能看懂平假名和汉字；或者要解答计算图形面积等问题，前提是必须会做加减法和乘除法等。如果一个孩子连最基础的平假名、汉字和四则运算都不会，老师却一个劲儿地让他做阅读理解和面积计算题，恐怕这孩子同样也会越来越不喜欢学习。

现在，学校没有系统性措施来评估孩子们学习所需的基础认知能力，也无法对这方面存在不足的孩子提供训练。少年管教所里的犯罪少年们也曾处于同样的状态。他们连简单的图形也不会临摹，连很短的句子也不会复述。从小学到中学，他们一直在这种状态下面对难度越来越大的功课，逐渐跟不上其他同学的进度，开始讨厌学习，最终失去自信，不再努力学习，甚至走上犯罪道路。

医疗和心理学无法拯救的问题

医院可以为存在发育障碍的孩子们提供各种帮助。但在我曾经工作过的公立精神科医院，患者从申请发育障碍门诊挂号到看上初诊，需要等待 4 年的时间。在这 4 年里，孩子的情况每天都在变化，却无法得到及时的应对。另外，你可能会以为既然医院这么火，那孩子在这里一定能得到尽善尽美的治疗吧，但实际上医生们每天都忙得脚打后脑勺，他们能做的也就是诊断、提出治疗方针和开药。医生忙于一个接着一个地接诊病人，很难找到机会实施具体的训练。

在各种发育障碍中，患有孤独症谱系障碍和注意缺陷与多动障碍的患者大多会到医院看病，所以这两种疾病也是医生特别擅长诊断和用药物治疗的。例如，对患有注意缺陷与多动障碍的孩子，如果多动和注意力不集中的症状较为严重，已经影响到日常生活的话，医生会为他开一种叫作哌甲酯的中枢兴奋药。不同患者的情况未必完全一样，不过一般来说，这种药都能抑制多动和注意力不集中等症状。

而学习障碍或轻度智力障碍及边缘智力同属发育障碍，但却很少会有孩子只因为这个原因来医院就诊。因为学习不好这方面的问题不是疾病，所以属于教育领域要解决的课题，而不是医院。

算上兼职时期，我在这家需要等待 4 年才能看上初诊的医院一共工作了 5 年多，几乎不记得有因为学习障碍和轻度智力障碍或边缘智力来求医的父母和孩子。即使有人来医院，也不是因为学习方面的问题，而是因为由此导致的不适应行为等二次障碍（如患上抑郁症，或出现暴力行为等），而且来就诊的人中几乎没有小学生。

也就是说，学习障碍和轻度智力障碍或边缘智力的孩子根本不会来医院。所以医生对这种情况也不熟悉，往往不知道他们有哪些特征，应该如何处置，很可能最后只能说"从医学角度来看没什么问题""再观察一段时间吧"。

孩子和家长遇到了难题，本来指望着"去医院看看，总能找到办法"，但却被告知"从医学角度来看没什么问题""再观察一段时间"，学校也没有好的解决办法，就只能听任问题一直拖延下去了。

那么不找医生，找心理咨询师看看会怎么样呢？常年在学校担任心理咨询师、比较了解发育问题的心理咨询师也许能提出适当的判断和指导方针。但心理咨询师不是教育专家，而是解决心理问题的专家。心理咨询能解决轻度情绪障碍、孤独症谱系障碍、注意缺陷与多动障碍、逃学、霸凌和各种青春期问题，却不太知道应该如何解决学习上的问题，也很难提出具体的方案。心理咨询师可以判断孩子的发育程度，通过智力检测发现孩子大脑工作记忆（也被称为"大脑记事本"，指临时保存信息的功能）不足，他们会把结论告诉家长或老师，但只根据这些信息老师们很难弄懂具体应该怎么做。即使了解了心理检测得出的结论，老师也不太明白在实际教学中应该如何操作。

不能只做智商测验

家长发现孩子的某些状态不对，带孩子去医院找医生看病，或者去接受发育咨询的话，医生或咨询师会给孩子做智力检测（小学生以上的孩子一般是用韦氏儿童智力量表检测）。一般来说，韦氏儿童智力量表检测得出的分数就是智商数值。智商平均值为 100 分，由四个方面构成。每个方面根据 2~3 项分测验的结果计算出得分，共有 10 项分测验。

例如，假设一个孩子的智商测验结果是 98 分，看上去与平均值 100 相差不多，可能大家会觉得问题不大。但其实学习遇到困难的孩子的十项分测验的得分一般都极不均衡。可能其他各项分测验都是平均或者优于平均水平，只有衡量词汇方面能力的"词汇"或衡量理解社会规则能力的"理解"等得分特别低。处于这种情况的孩子的语言理解能力和听觉能力方面应该比较差。除此之外，还有一种情况十分常见，就是心算时需要短期存储信息的工作记忆比较差。通过智商检测可以发现孩子们面临哪些困难，智商检测的结果能为帮助孩子提供一些线索。

不过如果孩子的智商分数超过 90，并且 10 项分测验中也没有哪一项得分特别低的话，医生就会说"这个孩子在智力方面没有问题"。孩子明明已经在学习上或者行为上表现出了某些困难，所以就算医生说"智力方面没有问题"，老师和家长也很难接受这个结果。

其实韦氏儿童智力量表只能衡量孩子们的一部分能力。准确地说，韦氏儿童智力量表是只靠 10 个测验项目来衡量孩子的智力的。做过智商测验的人应该知道，这些测验题需要持续被动地回答问题，在一定时间之内做得越多越好，不会衡量孩子们临摹图画的重现能力和描绘能力，也不会考察被测者面对没有标准答案的问题时的灵活性。韦氏儿童智力量表无法测量社会生活中必不可少的灵活性、与人沟通的能力和随机应变的能力等，有些孩子虽然智商分数很高，但不会变通，或者也有一些孩子虽然智商分数低，但做事很有门道等，韦氏儿童智力量表无法反映出这些问题和特点。

从我个人角度来看，韦氏儿童智力量表有很多漏洞，无法准确反映孩子们在智力方面的问题。在希望大致了解智力倾向时，韦氏儿童智力量表等目前的主流智力测验能够起到重要作用，但同时还需要掌握这项测验疏漏的问题，否则最终就只能止步于"智力方面没有问题"，导致很多孩子恰恰是因为做了测验，反而得不到相应的支持了。

"智力正常"带来的新问题

其实在事例讨论会和学术会议的研究报告中，现在仍然经常能听到"智力方面没有问题"这句话。更有甚者，还有很多人在事例讨论会介绍情况时，只要智商数值超过70分，连分测验的得分都不去确认，就用一句"智力方面没有问题"
应付了事。

如果一些考试成绩差，做事不持久，经常惹事的孩子去
做智力测验，结果发现他确实存在智力障碍，那么周围的人
就会觉得果然如此，"原来是这样，那看来我们需要额外多照
顾他一些。"

然而一旦检测得出"智力方面没有问题"的结论，那么
这个孩子就会被贴上"太懒惰""性格方面有问题"或者"家
长的教养方式不对"等标签。接下来，大家会更严厉地批评
教育他，家长也会受到指责。最后有可能导致孩子患上了抑
郁症，或者被误诊为人格障碍等结果。

我不想指责谁或者批评哪个机构，因为过去我也有过同
样的想法。

我在医院工作时，曾经有一个女高中生被家长带着来青
春期门诊就诊，她经常逃学、在家里打人、自残以及夜不归
宿等。因为屡次惹事、在家里打人以及过量服用药物等问题，

这个女孩子需要住院治疗，我也与她谈过很多次话。每次谈话时，她看上去都很听话，但之后还是故态复萌。在这期间，我给她测了智商，因为智商数值高于 70 分，所以我也认为"智力方面没有问题"，开始考虑人格障碍，与看护人员一起给她设定了各种严苛的规则，还因为怀疑她家长的言行，向儿童咨询所 ① 举报他们养育不当。

如今回头再看，我觉得这个女孩很有可能是因为智力方面的障碍导致了各种不当行为。她应该考虑就读特别支援学校等，以便获得相应的福利，而不是去普通学校。当时我只看到智商检测的结果，就片面地认为"智力方面没有问题"，害得她承受了本来不必承受的药物治疗和住院治疗。

学不会社交技巧的理由

对需要获得帮助的孩子们，大多数心理咨询师等专业人士都会在鉴定意见中写道："人际交往方面存在不足，需要通

① 日本的儿童咨询所指根据《儿童福利法》在各地设立的儿童福利机构，设有全国统一的专用电话，要求所有遇到疑似受到虐待的儿童都必须及时举报。

过社交技巧培训等锻炼社交能力。"少年鉴定所也几乎给所有孩子都写上了这样的评语。除了极少数例外，我几乎从未遇到过擅长人际交往的孩子作为事例被提出来的，所以说这也不足为怪，不过问题是"怎样才能培养社交技巧"呢？

关于这个问题，大多数方法都是以认知行为疗法为基础进行训练。社交技巧训练应用十分广泛，据说效果也很好。这些方法十分具体，又便于实践，应用得当的话确实可以提高社交技巧。

不过还有一个问题，那就是社交技巧训练以认知行为疗法为基础，所以需要训练对象满足一个前提，即"认知功能没有很大问题"。认知行为疗法通过改变人的想法，促使不适当的行为转变为适当的行为。既然要改变"想法"，那么当然需要接受培训的人在某种程度上拥有"想法"，需要具备听觉能力、理解语言的能力、视觉能力、想象能力和判断能力，这些能力都属于认知功能。

反过来说，如果训练对象的认知功能有问题，那么他接受了训练可能也无法理解和判断自己正在做什么，因此不会产生明显的效果。尽管如此，在矫正教育和学校教育的实际操作中，为了提高社交技能一味开展社交技能训练，不顾训练对象接受能力的形式主义做法却比比皆是。

司法所缺乏的要素

日本在司法领域专门设立了叫作少年鉴定所的机构。根据法务省官方网站上的介绍，少年鉴定所从属于法务省的管辖之下，负责：①根据家庭法院的要求，对鉴定对象实施鉴定；②收容被按规定送到少年鉴定所的人员等，包括帮助其培育健全人格；③为地方社会提供支持，预防违法犯罪行为。

关于鉴定，法务省官方网站上的说明是："依据医学、心理学、教育学及社会学等专业知识和技术，了解影响鉴定对象犯罪行为的特质方面及环境方面的问题，为了促进改善相关情况提出适当的方针。"

少年鉴定所的主要工作是"了解影响鉴别对象犯罪行为的特质方面及环境方面的问题"，也就是说要调查致使他们犯罪的原因，找到问题所在，"为了促进改善相关情况提出适当的方针"并非实际直接指导少年们改造，而是侧重于提供方针，就具体做法提出建议。

孩子们被送到少年管教所时，他们的鉴定结果也会同时送过来。几乎所有孩子的鉴定结果中都会写着他们缺乏自尊心、不会控制情绪、不擅长人际交往、缺乏基本的学习能力等意见。此外，针对这些诊断，还会有一些大都比较抽象的意见，如应该帮助他们积累成功体验，提升自信心；应该通过训练等提升他们的人际交往技巧；应该培养他们最基本的学习能力等。遗憾的是，从这里几乎找不到具体应该怎样做才能提升这些能力的线索。实际上，少年管教所的教官们似乎也不太看鉴定意见，因为对眼前的孩子们没什么帮助。犯罪心理学领域也有同样的情况，犯罪心理学会详细剖析"他们为什么这样做"，却几乎不会谈到"要如何防止孩子们再次犯罪"。

在医学领域，与司法领域相关的主要是司法精神医学，从司法和精神医学这两个方面同时研究触犯了法律的精神障碍者，主要包括司法精神鉴定和依据《神志不清者医疗观察法》实施鉴定和矫正医疗等。精神鉴定需要验证包括责任能力等精神状态。鉴定对象以患有精神分裂症等精神障碍或智力障碍的犯罪者居多，最近一些年来也有很多存在发育障碍的犯罪者需要做精神鉴定。但这些工作的目的也是以了解"为什么这样做"以及鉴定"应承担多少责任"为主，不太会涉及"那么应该如何预防"等实践中的帮扶方法。

司法领域的目的原本就是查明犯罪嫌疑人的犯罪理由和犯罪时的精神状态，所以这也无可厚非。每当发生一些严重的少年犯罪案件时，社会上最关注的是"他为什么做出这种事"，也就是查明理由。所以现实情况是，人们很少会从"如何预防犯罪""提供哪些帮助才能杜绝再次发生类似案件"或"是否还有其他孩子也有同样的风险"等视角展开讨论，而司法和医疗领域的专家终究也只是"评论家"而已。

照搬欧美做法行不通

除了少年矫正机构，在学校里，性方面的问题行为也是一个重要问题。如何教育医疗少年管教所里那些存在发育障

碍或智力障碍的性犯罪少年，防止再次犯罪，这是难度最大
的课题。

　　对性的渴望是人的三大欲望之一，永远无法彻底消除。
性行为本身对于生命的延续来说不可或缺，具有极为私密的
性质。在滥用兴奋剂或伤害及杀人案件中，这些行为本身就
是犯罪，但性行为本身并不是犯罪。在强奸案中，对方同意
与否等当事人双方之间的关系才是决定有无犯罪行为的关键，
而性行为本身并不会成为犯罪。正因为如此，要让性犯罪少
年正确理解这一点也很难。

　　性方面的欲望本身不是坏事，相反，没有了它，人类反
而会灭绝。所以我们不能像对待兴奋剂一样，绝对禁止性行
为，而是要告诉孩子们，性行为必须"找到适当的对象，采
用适当的方式"。这个"适当"很难把握，存在发育障碍或智
力障碍的孩子们对此会感到非常难以理解。医疗少年管教所
或女子少年管教所关押的性犯罪者当中，很多人都是由于不
理解何为"适当"，尽管没有犯罪意图，却在结果上构成了犯
罪行为或成为犯罪预备军。

目前，矫正机构等对性犯罪者实施的治疗方案以欧美的认知行为疗法为主，主要目的在于减少他们关于性的不适当想法和行为，增加适当的理解和行为。但对于存在发育障碍和智力障碍的孩子们来说，他们本来就不擅长思考什么是"适当"，所以这种引导他们思考关于性的各种问题的方案并不是最合适的。

此外，日本的矫正机构基本上倾向于引进欧美方案，但由于文化不同，欧美方案在日本应用时会有很多地方都不太恰当。

过去矫正局曾经制订了一份面向成人性犯罪者的治疗方案。这套方案根据对象的具体情况，设定了高密度（8个月）、中密度（6个月）和低密度（3个月）三种课程，分别由集体训练和单独训练构成。经过效果验证，结果显示与未听讲者相比，听讲者的重犯率更低。

这套方案确实做得很好，但其内容主要还是把欧美的认知行为疗法的各种方法汇集在一起。虽然也有面向智力障碍者的版本，但对少年管教所里存在发育障碍和智力障碍的性犯罪少年们来说还是比较难，感觉有些别扭，用起来很不方便，所以我给孩子们用的是自己制作的方案（目前已经整理成《给性方面具有问题行为的孩子们的练习册：理解和帮助发育障碍和智力障碍儿童及青少年》一书出版，在市面上销售）。

除了性问题以外，日本在其他方面也倾向于照搬欧美做法。我工作过的少年管教所也在矫正局的主导下引进了欧美的最新治疗方法，在孩子们当中实施。这些方法对一些孩子有效，但也有一些孩子反而因此导致精神状态恶化，不得不加大精神科药物的服用剂量。但这是矫正局的命令，就算孩子们抵触，认真的教官们也只能狠下心来继续让他们接受治疗，这对双方来说都是一种不幸。

不只矫正机构如此，日本还有很多地方愿意尝试引进和使用欧美的最新心理治疗方法，其中确实有很多好方案，但我也发现有一些方案明显不符合日本的文化和价值观。

第 7 章

究竟该如何解决？
每天 5 分钟带来的改变

向未成年犯罪者学习真正的儿童教育

犯罪少年通常会在少年管教所待上一年的时间。刚来的时候，几乎所有孩子都会表现出各种问题，比如态度傲慢，没来由地"自来熟"，过于顺从，若无其事地谈论自己的犯罪行为，还有的孩子对被送进少年管教所耿耿于怀，迁怒于受害人等。

来到这里大约 8 个月以后，有些孩子会出现很大变化。他们说，"刚被送到少年鉴定所和少年管教所时，我只是装作反省的样子，但现在不同，现在我觉得必须彻底改变了"，并开始客观地分析自己当初犯罪时的想法和说过的话是多么愚蠢。当然，这并不等于解决了问题，但了解促使他们做出改变的契机，也可以为学校教育提供一些线索。

于是我开始了解这些孩子希望改变的契机，把他们内心的真实想法整理出来，以下内容中提到的"老师"指负责管理他们的法务教官。

● 体会到亲人的重要性和他们承受的痛苦

我做过这么多坏事，家人却仍旧没有放弃我，每个月都来见我，我看到爸爸妈妈默默地拼命工作，替我支付了几百万日元的赔偿，我不想再让他们失望了。

● 站到受害者角度思考

我读了受害者的日记，想到如果有人把我的家人害得这么惨，我一定会把他打个半死。我忽然觉得自己做的那些事太可怕了。

● 对未来有了目标

过去我什么事都做不好，不过现在我找到了将来想做的事，我要去参加资格考试，努力实现这个目标。

● 遇到了值得信赖的人

老师很严厉，但是他会听我解释，认真替我着想，还会给我提建议。

- **拥有与别人交流的自信**

我过去在社会上特别害怕跟别人说话，来到这里以后，我不得不请求别人帮忙，感谢别人，还有跟别人道歉，所以我渐渐地对说话有了自信。

- **学习进步**

我以前根本不认识汉字，来到这里以后，我通过努力在汉字考试中达到了更高的级别。我会读报纸了，今后我还要学更多知识。

- **被委以重任**

老师总是批评我，我以为他很讨厌我，但他把少年管教所里很重要的工作交给我去做，我才发现，原来老师很信任我，我不想让他失望。

- **变得可以专注做某件事**

我过去专注力很差，一点都不想学习，别人说这是一种病。但来到这里之后，我变得能集中注意力了，学习也很开心。

● 下决心坚持到底

我过去做什么事都半途而废，从来没有坚持到最后过，老师告诉我不能放弃，所以我一直坚持，最后获得了成功。现在我特别有自信。

● 认清自己在集体生活中的形象

我看到老师批评其他孩子，发现自己过去也和他一样。现在我知道自己为什么会被批评了。

共通点是"发现自我"和"提升自我评价"

前面介绍的孩子们的心声大致可以分成两类。一类是发现了自我，另一类是提升了自我评价。

一个人要想改进自己的不足之处，必须从"正确的自我评价"开始。改变行为首先必须认识到自己在现实中的过错，然后才能形成自我洞察和内心的思想斗争。能正确地评价自己，才能认识到"自己的过错"，才能形成洞察和反省，如"我又做了错事，我真是太差劲了""不能再这样下去了，我想做个好人"等。然后，他才能在理想与现实之间摇摆，最终在心里制定出"正确的规范"，参照这个规范，努力争取"下次做得更好"，不断接近理想中的自己。要实现这一点，有一个重要前提，那就是拥有正确评价自己的能力，也就是能理解"自己是什么样的人"。

在少年管教所，孩子们必须过集体生活。这会教育他们充分关注自己的内心。他们之前一直过得浑浑噩噩，从不反省自己，遇到什么事就把责任推到别人身上，但被送到这里之后，他们不得不回顾过去，反思自己以往的生活轨迹，自己给别人带来了多少麻烦，别人又是如何帮助和支持自己的。

自我觉察理论指出，关注自己可以形成自我洞察和内省。人关注自己时，会尤其留意自己一直特别关心的事。此时，人们会对照自我规范，如果发现这件事违背了自我规范，就会感到非常不愉快。希望减少这种不快感的愿望就是人们改变自己的动力。例如，当一个孩子想偷东西时，如果有机会关注自己，也会关心偷东西这种行为本身。然后如果他这时已经形成了"偷东西是坏事"的规范，便有可能因为自己想偷东西而感到不快，从而放弃偷东西的想法。

有一些方法可以帮助人们关注自己，比如处于别人的视线之下，注视镜子里的自己，倾听自己的声音等。过去札幌地铁站台上曾经发生过多起跳轨自杀事件，有报道称自从这里安放了镜子之后，自杀的人就少了。我没有直接做过调查，但我觉得确实是这个道理。因为当一个人在镜子里看到自己，就会开始关注自己，形成"不应该自杀"的自我规范，所以自杀者就少了。

如果这个理论是对的，那么在学校，老师只要向孩子们传递一些信息，告诉他们"我在看着你呢"，就能起到一定作用。另外在人数较少的研习会上，参加者之间会密切关注彼此，这也能带来绝佳的效果，所以学校里的分组学习十分重要。此外，成年人平时应该以身作则，为孩子们提供"正确示范"，不用说，这也非常重要。

要形成改变自己的动力，人必须关注自己，注视自己。前文列举的让孩子们愿意做出改变的契机中有两个共同点：

一个是他们过去在社会上接连失败，失去了自信，但在集体
生活中与形形色色的人接触和交往，他们"发现了自我"；还
有一个共同点是在接受各种体验和教育的过程中，他们"提
升了自我评价"。尤其是发现自我这一点，外界无法强加给
他们，必须由孩子们自己主动打开"关注的开关"，所以我们
应该尽可能提供多样和丰富的场景，让他们有机会关注自己，
打开开关。

我觉得，学校教育的情况也与此完全相同。一位多年从
事矫正教育的人曾经这样说过："如果说孩子们的心灵有一
扇门，那么门的把手永远是只在内侧才有的。"我认为确实
如此，要打开孩子们的心扉，最重要的就是让孩子自己在各
种体验中猛然发现，成年人的职责就是尽可能多地提供机会，
让孩子们发现自我，而不是通过批评和叱责等方式强迫他们
打开心灵的大门。

与跟成年人面对面沟通获得启发相比，经过同龄孩子的
提醒得到的发现要多得多，所以孩子们的各种群组活动是不
可或缺的。

自暴自弃的犯罪少年们彻底改变的瞬间

少年管教所里有很多自我评价极低的孩子。无论做什么事，他们都很消极，总是说"反正都没用"，从一开始就放弃努力。他们在学习方面经受了太多挫折，已经完全失去了热情。我在少年管教所开展了各种训练，刚开始也有好几个孩子完全没兴趣。他们都是学习不好、认知功能低下的孩子，所以我自然把他们分到以提高认知功能为目的的训练小组，让他们参加训练。

最初是我站在前面，指导孩子们训练，但这个方法效果很不好。

有一个孩子故意把头转到一边，一直看着外面的景色，无视我的存在。于是我点名让他回答问题，结果他嬉皮笑脸地说："对不起，我刚才在看风景，没有听课。"还有的孩子故意妨碍训练，用大家都能听得到的声音不停地嘀咕："这些东西学了也是白学，没有意义，我不想学。"

这些训练可以让孩子们变得更聪明，我本以为他们一定会积极参与，结果完全出乎我的意料。本来也有一些孩子在认真练习，但有人故意捣乱的话，他们也会跟着走神，所有人都变得心不在焉。即使这样，我仍然坚持了一段时间，就连最初认真参与的孩子们也逐渐开始抱怨："做这些事有什么意义呢？"

这些孩子原本就都不喜欢学习，在学校也从来没有认真听讲过，所以我也开始觉得"他们真是不可救药"。慢慢地，我也不愿意再费心指导他们，变得随便敷衍起来。终于有一天，我不想再给他们讲课或提问，就把那些总是抱怨的孩子叫到前面，自己坐到其他孩子中间，让他们替我上课，我想让他们也体会一下我的辛苦。

然而，意想不到的情况发生了。孩子们之前对我视而不见，现在却都想到前面来，争先恐后地要求"让我来讲""我来教大家"。然后站到前面的人很开心地提问，满脸得意地给其他孩子讲解答案，没站到前面的孩子们也都很努力，可能是觉得回答不出同伴的提问太丢人，或者不想自己站到前面时没人捧场吧。所有人都开始积极参与训练，他们的表情也越来越生动。

　　从那以后，孩子们喜欢上了训练的时间，每次都问"这么快就结束了吗？再训练一会吧！"或者"下次什么时候可以训练？"整个气氛跟原来完全不同了。

　　这样一来，他们的能力也得到了不断提升。我发现，对待这些孩子，不能从"教"的视角出发。这些孩子们过去曾经无数次被人鄙视"连这都不会吗？"所以他们非常希望自己也能"教别人""得到别人的信任""得到别人的认可"，这可以提升他们的自我评价。学校里肯定也有不爱学习的孩子，他们认为"反正我也学不会"，但说不定也希望自己能出题考别人或者给别人讲解答案。这些愿望未必都能马上实现，不过帮助别人也许可以提升他们的自我评价，让他们逐渐拥有学习的动力。

从社会、学习和身体三个方面提供支援

　　接下来，我介绍一些帮助遇到困难的孩子们的具体方法。

　　对孩子们的帮助主要包括社会、学习（认知）和身体这

三个方面。除了没有针对家长的内容，这三项应该涵盖了针对孩子的所有帮助。正如前文介绍的，现在的学校教育侧重于语文和数学等学科教育，但我认为培养孩子们的社会性才是教育的最终目标之一。

有一些孩子学习很好，社会性方面却存在问题，对他们放任不管，就会导致类似佐世保女高中生杀害同学和名古屋大学女大学生杀害熟人等案件的发生。有的孩子智商很高，学习很好，却不会预测"这样做会导致怎样的后果"。如果一个孩子的执行功能低下，不会制订计划并付诸实践，发现问题及时反馈调整，就会草率地做出错误选择。

另外，缺乏控制情绪的能力，也会导致孩子们无法做出正常判断。我们在暴怒时也会做出错误的决定。所以除了学习，解决问题和控制情绪等社会方面的能力也非常重要。但遗憾的是，当前的学校教育中没有系统传授社会性技巧的机制。

在学习方面，成绩好当然最好不过了。也有一些孩子就是因为学习上受到挫折才走上犯罪道路的。在学习方面，需要培养孩子们的视觉能力、听觉能力以及想象能力，这些都是学习的基础。

此外，身体方面的帮助也不可或缺。因为在大家眼中笨手笨脚的孩子也很容易丧失自信心，或者因此遭受霸凌。因此，需要从社会、学习和身体这三个方面来理解和帮助孩子们。

关注认知功能的新型治疗教育

第3章介绍了认知功能的重要性。认知功能低下会导致孩子们在学习上受挫，因此学习方面的支援主要是通过治疗教育来提高认知功能。

近些年来，学校教育也逐渐认识到需要从认知功能方面着手来解决问题，开始在心理发育检测中对怀疑有问题的孩子用韦氏儿童智力量表检测智商，把结果告诉班主任老师。我在某市的发育咨询中心开展关于孩子们发育问题的咨询活动，也会事先请心理咨询师提供智商数值。

在那里，我遇到过一个被妈妈带来咨询的小学三年级男生。

他们面临的问题包括：

- 记不住汉字和计算方法，记住了也会很快忘掉
- 不会做进位加法计算
- 不会抄板书
- 读不懂整段的文字

从用韦氏儿童智力量表检测的结果来看，这个孩子的智商整体上没有什么问题，但在 4 个方面的分测验（语言理解、感知推理、工作记忆和加工速度）当中，工作记忆偏低，只有 70 分左右。工作记忆指大脑临时存储信息的功能，也被称为"大脑的记事本"。这个孩子面临的问题应该都是由于他大脑工作记忆偏低造成的。

但就算通过韦氏儿童智力量表检测发现了这个问题，告诉学校老师"这个孩子的问题主要是因为工作记忆偏低造成的"，又能解决什么问题呢？

工作记忆偏低与这个孩子的各种问题之间的关系，一般人很难从感觉上理解。而且具体怎样才能提高工作记忆等认知功能，学校教育实践中既没有具体的方法，也很难找到大块的时间来应对这个问题。

认知功能是学习的基础

接下来，我想介绍一种认知功能强化训练，这种方法能够有效提升工作记忆等认知功能。这是我在医疗少年管教所花费 5 年时间开发的训练方法，已经取得了一定效果。

认知功能强化训练包括记忆、计数、临摹、寻找和想象这五种训练，分别对应着认知功能的五个要素（记忆、语言理解、专注、感知和推理判断）。训练时需要用专用的练习册作为教材，用纸和笔解答。以下是认知功能强化训练中的几项代表性练习和基本概要（教材请参考宫口幸治著《认知功能强化训练：视觉、听觉和想象》）：

临摹：（连线）

把点和点连起来，组成一个图形，再照着这个图形，在下面的框里把它临摹出来。这项练习可以培养视觉认知的基本能力。除了这项练习之外，还有"旋转星座"练习和"镜面临摹"练习等，"旋转星座"即照着示例的星座临摹，临摹用的卡纸是可以转动的；"镜面临摹"是想象示例图形在镜子里或者在水面上会是什么样的，把它临摹下来。

记忆："第一个和拍手"

出题人读 3 句话，要求训练对象只记住每句话的第一个词，并在听到动物名字时拍手。

例题：**猴子**家里有一个很大的罐子。**慌慌张张**的猫想钻进罐子里。**狗**想把罐子打碎，踢了它一下。

答案是"猴子""慌慌张张"和"狗"，听到画有下划线的"猴子""猫"和"狗"时要拍手。

老师讲课时，如果有人捣乱，有一些孩子就会被吸引过去，听不到老师的话。这项练习可以锻炼孩子认真听讲的能力。其实我曾在一所初中做过调查，统计这项"第一个和拍

手"的练习与语文及数学定期测验的分数之间的关系，结果
发现二者高度相关。也就是说，成绩好的孩子"第一个和拍
手"也能做得很好，而测验分数不太好的孩子做"第一个和
拍手"的成绩也不太好。这个结果为帮助学习困难的孩子提
供了一个重要的启示。

除了这项练习，还有"最后一个和拍手"：把三到五个
词组成一组，连着念三组，要求训练对象只记住最后一个词，
同样也是听到动物的名字时拍手；或者"哪个最厉害"：出题
人朗读包含大小、轻重、远近等比较关系的句子，让训练对
象记住最厉害的。这些练习可以训练听觉的工作记忆。

另外，训练视觉性工作记忆可以采用"找圆圈"的办法。
出题人依次出示三张纸，每张纸都在四行四列的表格中画两
到三个圆圈，让训练对象在自己的答题纸上按照看到的顺序
把圆圈的位置记录下来。

发现："相同的是哪张"
　　这项练习要求训练对象从多张图画中找出两张完全
一样的图画。类似的练习还有"找形状"，即从很多点中

找出能连成正三角形的排列方式，或者"涂黑的图形"，辨识图形的轮廓等。

想象："在大脑中旋转"

　　这项练习要求训练对象从正面看着某个图形，想象出从右侧、背面和左侧看到的样子。这项练习能培养训练对象从对方的视角看待事物，以及考虑对方感受的能力。除此以外，还有"盖章"练习，即看着图章上的图案，想象它印到纸上会是什么样子；以及"编故事"练习，给多张图片排序，并想象出一个故事等。

安装心灵新刹车的方法

计数："寻找记号"

　　练习纸上印有很多排图案，每一排都是各种水果，要求训练对象从中找出苹果，一边数苹果的个数，一边在苹果上画√，越快越好。如果苹果左侧是某种规定为停止符号的水果（例如橘子、哈密瓜等），则不能把这个苹果计算在内，也不能画√。这是训练孩子"及时刹车"

的练习。第 2 章介绍过有的孩子想做什么事就很难消除这个念头，他们可以通过这项训练掌握一项新方法。练习的难度可以通过多种停止符号的组合来调节。有些孩子最初 5 分钟都做不完，但每周训练一次，坚持 10 周之后，在 20 秒之内就能完成，他们已经可以随时"刹车"了。

第 2 章介绍过一个"想杀个人看看"的孩子，我让他也做了这项练习。之前在少年管教所里，教官花了很多时间让他想象受害人的感受，教育他生命的重要意义，让他想象再发生这样的事会怎么样等，但他"想杀个人看看"的念头一直没有消失。我每天都让他做这项寻找记号的练习，告诉他除了消除想杀人的念头，还要在想杀人的时候及时刹车。除了这项练习，已经没有什么办法能训练他及时扼制住想杀人的冲动了。当然，他的问题不是只靠"寻找记号"的练习就能解决的，不过传统的矫正教育也需要与这些认知训练相结合。

不会伤害孩子心灵的训练

认知功能强化训练有时会与预防老年痴呆症的大脑训练

混淆。对孩子们来说，学会汉字和计算是学习，而不是为了训练大脑，同样，认知功能强化训练也是学习的一部分。学会汉字需要识别图形的能力，学会计算需要把数字转化为数量，而不是符号。没有这些能力，哪一项都做不到。认知功能强化训练的目的是培养这些能力。也就是说，要学会汉字和计算，必须提升认知功能，这是基础。

此外，孩子们如果学不会汉字和计算，会因为自己"不擅长学习"而受伤，而认知功能强化训练的练习都采用了类似找错儿等谜题或游戏的形式，不会有很明显的学习的感觉。绝大部分孩子都能在练习中得到乐趣。

迄今为止，我还没有见到哪个孩子因为认知功能强化训练做得不好而感到受伤。如果有孩子觉得练习太难不愿意做的话，说明设定的难度不合适，从简单一点的练习开始就可以了。认知功能是学习的基础，认知功能强化训练有一个最大的特点，就是在游戏中提升孩子们的认知功能，帮助他们在不知不觉中打好基础，取得更好的学习成绩。

每天早上 5 分钟

现在，日本学校课程安排都要根据学习指导纲要严格管理，老师们很难按照自己的决定占用大块时间去实施某项系统性训练。

在通常的学校教育当中，对于认知功能存在缺陷的孩子们不会采取任何措施，这就是目前的现状。经常有学校老师们问我说，他们也很想实施认知功能强化训练，但不知道怎样才能把它编排到学校的日常安排当中。认知功能强化训练肯定不能占用正规的上课时间，所以可以在早上或者放学前用 5 分钟时间来做。5 分钟可以做 5 次"第一个和拍手"的练习。每周 4 次，每年 32 周（以上课时间计）就可以做 128 次。换算成时间的话就是 640 分钟，约 10 小时。

不用花钱也做得到

可能很多人觉得，教孩子们学习必须得买教具之类的，需要花钱。但其实矿泉水瓶、旧报纸或者棉棒等都可以废物利用，成为教具。

　　例如图 7-1 所示的"情绪瓶"，这是认知功能强化训练中关于社会方面的一项练习，在教孩子们表达情绪时，用这些瓶子来说明人为什么需要表达情绪。

图 7-1　情绪瓶

资料来源：宫口幸治著《每天 5 分钟：教室里就能做的认知强化训练》。

　　可以用 500 毫升的矿泉水瓶贴上各种标签，代表不同的情绪。所有瓶子里都装着水，只有表示"愤怒"情绪的瓶子的容量是 2 升。因为"愤怒"的情绪最难处理，也最容易成为引发各种纠纷的原因。表示"开心"的瓶子里没有装水，是空的。接下来再准备一个大袋子，把这些矿泉水瓶装在里面，让孩子们背在肩上。袋子非常重，于是孩子们便能实际体会到"如果不把情绪表达出来，都憋在心里的话，会成为极其沉重的负担"。

接下来，可以让孩子们把瓶子从袋子里一个一个地拿出来。他们会发现，袋子背着不那么累了。在这个过程中，孩子们可以意识到，把情绪表达出来十分重要。尤其是把表示"愤怒"的瓶子拿出来之后，一下子就轻松了好多，因为心里藏着"愤怒"是最难受的。

但是如果拿出"愤怒"的瓶子扔到别人身上会怎么样呢？如果对方受了伤，这个行为就构成了犯罪。因此应该告诉孩子们，表达"愤怒"时，一定要轻轻地交给老师或家长，让他们明白，释放情绪使必须选择适当的方式。矿泉水瓶很容易找到，拿来做教具根本不用花钱。

此外，图 7-2 是认知功能强化训练中用于改善身体方面的功能的"训练棒"。用 10 张旧报纸卷成纸棒，把两头和中间用胶带粘好，孩子们就可以用它来练习各种身体动作了。

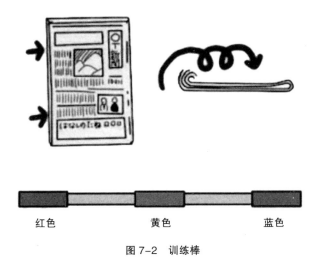

| 红色 | 黄色 | 蓝色 |

图 7-2 训练棒

资料来源：宫口幸治著《每天 5 分钟：教室里就能做的认知强化训练》。

图 7-3 是"堆棉棒"练习，使用棉棒锻炼手指的精细运动。让孩子们每两个人一组，用棉棒堆成一座"口"字形的"方塔"，限时 90 秒。到了 90 秒，堆得最高的小组获胜。但堆得太高又很容易倒塌，所以孩子们必须注意时间和速度，一边观察其他小组的进展状况，一边小心翼翼地及时停住，以防自己的"塔"倒塌。宫口幸治和宫口英树编著的《给笨手笨脚的孩子们的认知作业训练》一书详细介绍了身体方面的类似训练方法。

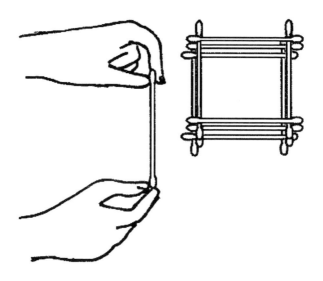

图 7-3　堆棉棒

资料来源：宫口幸治著《每天 5 分钟：教室里就能做的认知强化训练》。

大脑功能与犯罪的关系

认知功能训练还有助于减少犯罪。在恶性犯罪事件中，除了犯罪者生活经历和性格方面的原因，还有一些案件必须考虑脑功能障碍的问题。

2001 年，大阪教育大学附属池田小学发生了一起恶性杀人案件，最后被判处死刑的罪犯宅间守接受了精神鉴定。鉴定资料显示，宅间守做了脑部核磁共振检查，发现中脑左外侧有一个 5 毫米 × 10 毫米的星形细胞瘤，还有其他检查（威斯康星卡片分类测验、脑部 SPECT 等）发现他的前额叶功能低下等。另外检查还表明，宅间守的前额叶功能的执行功能中，"根据不断变化的环境改变认知策略的能力"可能存在障碍，鉴定资料中写着"大脑前额叶有可能存在某些障碍，与其人格和精神症状的关联还有待精神医学今后研究"。

美国得克萨斯大学 1966 年发生了一起恶性枪击案，凶手从观景台上开枪射击，导致 17 人死亡，32 人受伤。犯罪嫌疑人查尔斯·惠特曼当时 25 岁，他在案发前一天写了一封信。信中写道，自己一直处于恐怖和暴力冲动的折磨之下，同时还忍受着剧烈的头痛。他希望自己死后，有关机构可以解剖他的遗体，查看他是否患有身体上的疾病。最后，遗体解剖发现，他的大脑深部有一个核桃大的恶性肿瘤，可能是这个肿瘤导致他抑制暴力冲动的能力受损。这件事虽然至今仍然没有定论，但也暗示了脑肿瘤导致暴力冲动行为的可能性。死刑犯宅间守的脑部也有肿瘤，这恐怕未必只是偶然。

在讨论脑功能，特别是前额叶功能低下与反社会行为之间的关系时，菲尼亚斯·盖奇的经历是一个著名事例。盖奇是一名铁路工人，勤劳肯干，人缘很好，事发时年仅 25 岁。那是 1848 年 9 月的一天，在一次意外的爆破事故中，一根钢钎刺穿了盖奇的头颅，损伤了他的前额叶。盖奇的一只眼球受到损伤，但幸运的是，他的伤势奇迹般地恢复了，在事故之后又活了 12 年。不过这次事故之后，盖奇的性格与之前大不相同，他变得反复无常，还经常口吐污言秽语，对待同事也不再谦恭有礼。而且，他还变得随心所欲，顽固执拗，无法规划将来。朋友和熟人都说"盖奇再也不是从前的盖奇了"。脑神经学家安东尼奥·达马西奥等人将被收藏到博物馆的盖奇头盖骨与标准的人类大脑 MRI 图像重叠在一起，研究左右脑前额叶的损伤及其导致理性决策和情感过程产生障碍的可能。

美国乔治城大学医学部教授乔纳森·平卡斯在《基础本能：是什么驱使杀人犯杀人》(*Base Instincts:What Makes Killers Kill*) 一书中介绍了很多杀人犯疑似受过神经学损伤的具体事例。平卡斯认为，在自己经手调查的杀人犯中，大多数人的前额叶都有疑似神经学损伤的痕迹。他提醒人们，虽然不能把脑功能障碍（尤其是前额叶功能低下）直接与犯罪联系在一起，但在同时满足脑神经学损伤、遭受虐待的经历和精神疾病这三个条件时，就有很大风险会引发犯罪。

另外，美国的艾德里安·雷恩等人对杀人犯进行脑部 PET 检查（与 SPECT 类似的脑部血管断层摄影），检测其脑部血液流量发现，杀人犯的前额叶（尤其是前额皮质及与之相邻的额上回、左侧缘上回和脑梁）功能低下，另外他们的杏仁核、丘脑、内侧颞叶也存在左半球功能低下等情况。在美国，这些脑功能异常的诊断可能成为减免刑事责任的依据。

关于日本国内的情况，福岛章总结了 48 名做过精神鉴定的杀人犯的脑 MRI 和脑 CT 等影像诊断的结果，发现其中有一半，即 24 名杀人犯的大脑在质或量上存在异常。此外，在被害人超过 2 人的重大杀人案件中，异常诊断的比例更是超过了 62%。

在我过去因杀人案件和抢劫伤害案件做过的司法精神鉴定中，也曾遇到过一名罪犯经脑 CT 检查，发现明显的额颞叶萎缩，经脑电波检查，发现前额叶脑电波异常。这个案件的犯罪嫌疑人最后由于智力功能低下和持续症及脱抑制等脑功能障碍，被免于刑事责任，根据《神志不清者等医疗观察法》处理。

但在日本，现实情况是，脑功能障碍成为审判焦点的案件还很少见。当然，面对重大案件，即使罪犯存在脑功能异常，也必须慎重讨论。不过在矫正过程中，针对脑功能障碍实施某些认知功能训练无疑十分必要，这对降低重犯率也具有重要意义。

治疗性侵犯的认知功能强化

关于性犯罪者的脑功能和认知功能，过去也有过一些研究，不过尚未形成统一的观点。

例如，有人指出成年性异常者存在左侧额颞叶功能低下、语言能力和执行能力低下等情况，但也有研究显示，在排除了年龄、智商和教育年限的影响之后，杀人犯、性犯罪者和纵火犯群组之间并没有显著差别。少年性犯罪者的认知功能也与此相似，虽然有研究认为他们的工作记忆和维持注意力的专注功能等基本的执行功能及其顺畅程度明显低于其他犯罪少年，但也有研究认为两者之间并无显著差别。此外，还有研究指出，在四项神经心理学测验当中，性犯罪少年的连线测验 B（主要评估注意转移水平）的成绩要低于其他犯罪少年，但也有好几项研究认为两者之间没有智商和神经心理学上的差异。

　　下面介绍我们研究的一项假说。我们发现，在以往的研究当中，研究对象的平均智力（智商）或者比较高，或者高低都有，因此考虑会不会因为没有充分控制智商水平，才导致了结论的不一致。于是我们设置了存在智力障碍的性犯罪少年、存在智力障碍的其他犯罪少年、没有智力障碍的性犯罪少年和没有智力障碍的其他犯罪少年 4 种模式，分别使用日本版执行缺陷综合征的行为学评价（BADS）评估他们的执行功能，研究各群组之间的差异。结果我们发现，存在智力障碍的性犯罪少年们在注意转移、处理速度、工作记忆和前瞻记忆方面的得分都要显著低于存在智力障碍的其他犯罪少年。而没有智力障碍的性犯罪少年和其他犯罪少年的测验结果之间则没有显著差异。

根据这个结果，可以考虑：

- 只有低智商性犯罪少年才会体现出神经心理学方面的特征
- 这些特征（功能障碍）为多个领域的障碍（脑网络功能障碍），而不只限于大脑的某个特定区域
- 他们都是低年龄段的低智商儿童，这些特征会随着智力的发育而消失，说明可能与某些发育上的问题有关

也就是说，"低智商性犯罪可能属于某种发育上的问题"，这就是我们的假说。

有几项研究虽然没有控制智商，但也能验证这个假说。当然，性犯罪少年当中也有很多人曾在幼年时期遭受过虐待（暴力或性侵）或车祸等造成过外伤，这些环境因素和成长经历也会对大脑功能造成很大损伤。另外，性犯罪有很多种类型（如猥亵、轮奸、恋童癖和偷盗内衣等），要将性犯罪视为发育上的问题，必须设置更多的条件，进行更深入的调查研究。不过如果存在这种可能性，即具有可塑性的大脑的问题导致了性犯罪，我认为在过去以认知行为疗法为主的各种性

犯罪预防方案的基础上，也可以同时实施认知功能训练，以便提升处理速度和工作记忆，改善注意力控制等。

被虐待儿童的治疗

如今，虐待儿童成了一个十分严重的问题。除了发现虐待、保护儿童等工作，在针对被虐待儿童的心理创伤治疗和重建亲子关系等方面也取得了很大进步。

孩子遭受了虐待，未来可能出现的问题大致可以分为两种。一种是有可能导致依恋障碍、创伤后的应激反应、抑郁症、人格障碍等"心灵疾病"。

还有另一种问题是有可能会导致举止粗暴、过度活跃、具有攻击性、夜不归宿和离家出走，甚至反社会行为。法务综合研究所在 2001 年面向全日本少年管教所约 2300 名收容人员实施的调查显示，约有一半的孩子都曾经遭受过虐待。也就是说，遭受虐待还会带来犯罪的风险。

"心灵疾病"方面，可以主要依靠医疗机构提供治疗，但对后一种反社会行为却没什么好的应对措施。这些行为的原因在于自我评价过低，这是无法信任别人，不能构建良好的人际关系，不会控制情绪等心理方面的问题，以及因为过度活跃和注意力不集中、学习不好等功能性问题导致的。过度活跃和注意力不集中等症状可以通过在医疗机构服用哌甲酯等药物进行治疗，但药物很难从根本上解决问题。因此针对这些孩子们，也可以采用前文介绍的认知功能强化训练作为治疗方法。

罪犯转变为纳税人

现在要养活监狱里的一名犯人，每年都需要花费约300万日元的设施运营费及人工费等。而且很多案件中，他们都使别人成了受害者。每一名犯人变成健全的纳税人，都会带来巨大的经济效益。按普通劳动者的平均水平计算，每个人每年可以通过消费税等各种形式贡献约100万日元税收，所以每把一名犯人变成纳税人，就能带来约400万日元的经济效益。截至2017年年底，刑事机构的在押人员约为5.6万人，所以反过来可以推算出，这些人每年造成了 2240 亿日元的损失，这还没有算上受害者的损失。单是财产犯罪一项，受害金额就有 2000 亿日元。再加上杀人、伤害和性犯罪等其他犯罪，罪犯们每年造成的损失不会低于 5000 亿日元。减少犯罪，对提升日本的国力具有重要意义。

为此，我们能做的就是尽早发现和帮助那些遇到困难的孩子们。孩子们每天都要上学，每天都要在学校度过很长时间，所以学校无疑能最有效地为他们提供支持。我真心希望今后能有越来越多的学校教育从全新视角出发。

后　记

　　前文提到的前众议院议员山本让司先生写的《狱窗记》是我写作本书的契机。有很多存在各种障碍、本应得到福利救助的人们就是因为无处可去才触犯了法律，最后被送到了监狱。山本先生笔下的犯人们与我当时工作的医疗少年管教所的少年们的境遇十分相似。

　　只不过我面对的是未成年人，他们的状况几乎完全不为外界所知。我希望更多的人明白，我们必须尽早提供帮助，防止他们长大成人后成为《狱窗记》中描写的那些罪犯。

　　除此之外，我在立命馆大学的前任教授、已故的冈本茂树先生曾经写过一本书，叫作《逼孩子反省，他们就会犯罪》。我想让大家知道，少年管教所里有很多孩子还"根本谈不上反省"，他们的情况要更为严重。冈本先生去世之后，我偶然到立命馆大学任教，接手他的课程等，仿佛也是冥冥中的某种缘分。后来，我在 2016 年 5 月 15 日播出的 NNN 纪录片《障碍 + α：孤独症谱系障碍与少年案件》的采访过程中结识了节目制作人田渊俊彦先生，他出版了《发育障碍与少年犯罪》一书。读了这本书之后，我愈发觉得自己必须把在少年管教所工作期间得知的实际情况说出来，于是通过田渊先生找到新潮出版社的编辑横手大辅先生，并得到了他的赞同。

现在，在大多数书店都能看到很多与发育障碍有关的图书，但不仔细找的话，很难看到关于智力障碍的书。我并不想讨论哪一种障碍更严重，不过在学校教育中，人们不太关心智力障碍，很多老师学习过发育障碍的相关知识，却连智力障碍的定义都不知道，这也是实情。我希望这本书能为那些存在智力障碍、每天都处于困境之中的大人和孩子们带来一些哪怕极其微小的帮助。

此外，为了帮助这些孩子，我还创立了认知功能强化训练研究会，举办各种讲座和培训，也有很多学校的老师都来参加。如果您对这方面感兴趣，可以搜索"认知功能强化训练研究会"了解更多信息。

最后，我要衷心感谢新潮出版社和编辑横手大辅先生，感谢他们认同我的观点，让这本书有机会出版。

宫口幸治

图书在版编目（CIP）数据

少年与恶的距离 /（日）宫口幸治著 ; 郎旭冉译
. -- 北京 : 群言出版社, 2023.5
ISBN 978-7-5193-0831-5

Ⅰ . ①少… Ⅱ . ①宫… ②郎… Ⅲ . ①青少年犯罪—
研究 Ⅳ . ① C913.5

中国国家版本馆 CIP 数据核字 (2023) 第 059723 号

KĒKI NO KIRENAI HIKŌ SHŌNEN-TACHI
By KOJI MIYAGUCHI
© KOJI MIYAGUCHI 2019
Original Japanese edition published by SHINCHOSHA Publishing Co., Ltd.
Chinese (in simplified character only) translation rights arranged with
SHINCHOSHA Publishing Co., Ltd. through Bardon-Chinese Media Agency,
Taipei.

版权登记号：01-2023-0549

责任编辑： 胡　明
封面设计： 墨白空间·陈威伸
出版发行： 群言出版社
地　　址： 北京市东城区东厂胡同北巷 1 号（100006）
网　　址： www.qypublish.com（官网书城）
电子信箱： qunyancbs@126.com
联系电话： 010 - 65267783 65263836
法律顾问： 北京法政安邦律师事务所
经　　销： 全国新华书店

印　　刷： 嘉业印刷（天津）有限公司
版　　次： 2023 年 5 月第 1 版
印　　次： 2023 年 5 月第 1 次印刷
开　　本： 889mm × 1194mm　1/32
印　　张： 6.25
字　　数： 120 千字
书　　号： 978-7-5193-0831-5
定　　价： 42.00 元